농림수산업의 회계와 세무

Agriculture & Forestry & Fishery Industry of Accounting and Tax

김근수 저

도서출판 두남

머리말 Preface

농업, 임업 및 어업은 한 국가의 기초산업이고 필수산업입니다. 그러나 우리나라는 수십년 동안 근대화를 추진하면서 농업 등이 침체해왔습니다. 농업 등의 경쟁력은 점차 약화되었고 대부분의 농산물 등이 해외수입에 의존해왔습니다.

21세기 들어 점차 농업 등은 우리나라의 중요한 산업으로 부상하고 있습니다. 특히 기후 온난화와 식량 자원의 중요성이 부각됨으로써 농업 등에 대한 관심이 전 세계적으로 커지고 있습니다. 또한 우리나라 경제가 선진국화됨에 따라 농업 등에 대한 투자가 늘어나고 농업에 대한 진출도 크게 확대되고 있습니다.

반면 농업 등에 특수한 회계와 세무 정보는 거의 없어 회계와 세무관리에 어려움을 겪는 기업이 많아지고 있습니다. 필자는 십여년간 농업 등과 관련된 회계와 세무자료를 수집하고 정리해왔습니다. 국내에서는 최초로 농업, 임업, 어업에 특유한 국내의 세법, 시행령과 시행규칙 그리고 기본통칙 및 해석편람 그리고 국세청 해석과 판례를 종합하여 한 권의 책으로 출간하기로 하였습니다.

이 책은 최초의 시도로 앞으로도 지속적으로 새로운 자료와 정보로 개정하여 우리나라 농업 등의 발전에 조금이나마 도움이 되도록 최선을 다할 것입니다.

어려운 시기에 처음으로 농업 등과 관련된 책을 출간하기로 결정한 도서출판 두남의 전두표 대표님과 이승구 상무님 그리고 이 책의 출간 실무자인 편집부에 감사를 드립니다.

2022. 5.

저자

차 례 Contents

Chapter 1 농민어민의 조세와 조세감면 | 9

농민어민의 조세와 조세감면

1

Chapter

Agricultural Accounting

Chapter 1

농민어민의 조세와 조세감면

농민어민에 대한 연간 조세감면금액의 한도는 1억 원까지이다. 개인이 조세특례제한법 제66조【영농조합법인 등에 대한 법인세의 면제 등】, 제67조【영어조합법인 등에 대한 법인세의 면제 등】, 제68조【농업회사법인에 대한 법인세의 면제 등】, 제69조【자경농지에 대한 양도소득세의 감면】, 제69조의 2【축사용지에 대한 양도소득세의 감면】, 제69조의 3【어업용 토지 등에 대한 양도소득세의 감면】, 제69조의 4【자경산지에 대한 양도소득세의 감면】, 제70조【농지대토에 대한 양도소득세 감면】, 제85조의 10【국가에 양도하는 산지에 대한 양도소득세의 감면】에 따라 감면받을 양도소득세액의 합계액이 과세기간별로 1억 원을 초과하는 경우에는 그 초과하는 부분에 상당하는 금액은 감면대상에서 제외된다(조세특례제한법 제133조 제1항 제1호).

또한 5년 간 한도도 있다. 5개 과세기간의 제70조【농지대토에 대한 양도소득세 감면】에 따라 감면받을 양도소득세액의 합계액이 1억 원을 초과하는 경우에는 그 초과하는 부분에 상당하는 금액과 5개 과세기간의 나머지 감면(제85조의 10은 제외)에 따라 감면받을 양도소득세액의 합계액이 2억 원을 초과하는 경우에는 그 초과하는 부분에 상당하는 금액 중 큰 금액은 감면대상에서 제외된다. 이 경우 5개 과세기간의 감면받을 양도소득세액의 합계액은 해당 과세기간에 감면받을 양도소득세액과 직전 4개 과세기간에 감면받은 양도소득세액을 합친 금액으로 계산한다(조세특례제한법 제133조 제1항 제2호).

감면의 종합한도는 수증자 별로 적용한다(상속증여세과-304, 2014.8.12.).

제1절 농어민에 대한 소득세와 감면

1. 농어민의 소득세 면제

1) 10억 이하 곡물 작물 재배 비과세

(1) 10억 원 초과 매출은 과세

작물재배업은 연간 매출이 10억 원 이하인 경우 소득세를 내지 않는다(소득세법 제12조 제2호 바목, 소득세법시행령 제9조의 4 제1항). 매출이 10억 원을 초과하면 소득세를 내야한다.

(2) 판매장 설치하면 과세

작물재배를 하더라도 생산한 작물을 판매장을 만들어 판매하는 경우에는 과세되므로 조심하여야 한다. 그러나 전액이 과세되는 것이 아니다. 당초의 작물재배로 인한 소득은 과세되지 않는다. 다만 판매장을 만들어 판매함으로써 추가로 발생되는 수입만 도매업 또는 소매업에서 발생한 소득으로 보아 과세하는 것이다(서면1팀-1206, 2004.8.30.). 판매장을 만들어 판매하여 추가로 얻는 수입은 작물재배가 아니라 별도의 사업으로 보아 과세하는 것이다.

재미있는 것은 전자상거래는 과세하지 않는다는 점이다. 작물재배업을 영위하면서 생산한 작물을 판매장을 설치하지 아니하고 전자상거래 등

통신 판매업에 의하거나 슈퍼마켓, 백화점 및 농업협동조합 등에 직접 판매하는 경우에는 소득세를 과세하지 않는다(소득세과-2714, 2008.8.5.). 왜냐하면 판매장을 설치하지 않았기 때문이다. 전자상거래를 하더라도 판매장을 설치하면 과세되니 조심하여야 한다.

작물재배를 비과세하는 것은 누가 하더라도 마찬가지이다. 농산물 유통업자라도 농작물을 직접 재배하여 판매하는 경우 농작물 재배에서 발생하는 소득도 과세되지 않는다. 예를 들어 무를 유통하는 사업자가 무를 직접 재배하여 공급하는 경우 비과세한다. 다만 사업자등록을 한 사업자가 무를 공급하는 경우 계산서를 발급하여야 한다(사전법령소득-491, 2018.12.18.). 농산물은 부가가치세를 내지 않으므로 세금계산서 대신에 부가가치세가 없는 계산서를 발행한다.

(3) 작물재배업이란 무엇인가

작물재배업이 무엇인지 정확히 알아야 한다. 작물재배업에 해당하는지 판단은 통계청의 한국표준산업분류에 따라 판단한다(소득세법 기본통칙 19-0…1 제1항, 소득세법 집행기준 19-0-1 제1항).

작물재배업은 노지나 시설 내에서 식용작물, 음료용 및 향신용 작물, 채소 및 화훼작물, 공예작물, 과일 각종 농작물을 재배하는 것을 말한다. 여기에는 임업 이외의 수목 및 산림용 이외의 묘목·종자, 버섯, 콩나물 재배도 포함한다.

통계청 업종분류 상 작물재배업은 다음과 같이 분류된다.

작물재배는 국내의 토지에서 재배된 것만 해당되는 것은 아니다. 해외에서 생산하게 하고 수입된 것도 감면된다. 예를 들어 회사가 해외 현지 법인 및 외국 종자생산업체에게 원종을 무상제공 하여 생산한 후 매입한 경우도 인정된다.

〈표 1〉 작물재배업의 범위

<table>
<tr><th rowspan="2">대구분</th><th colspan="2">구분</th></tr>
<tr><th>중분류</th><th>소분류</th></tr>
<tr><td rowspan="12">작물재배업
(Growing of Crops)</td><td>곡물 및 기타 식량작물 재배업</td><td>곡물 및 기타 식량작물 재배업</td></tr>
<tr><td rowspan="3">채소, 화훼작물 및 종묘 재배업</td><td>채소작물 재배업</td></tr>
<tr><td>화훼작물 재배업</td></tr>
<tr><td>종자 및 묘목 생산업</td></tr>
<tr><td rowspan="2">과실, 음료용 및 향신용 작물 재배업</td><td>과실작물 재배업</td></tr>
<tr><td>음료용 및 향신용 작물 재배업</td></tr>
<tr><td>기타 작물 재배업</td><td>기타 작물 재배업</td></tr>
<tr><td rowspan="3">시설작물 재배업</td><td>콩나물 재배업</td></tr>
<tr><td>채소, 화훼 및 과실작물 시설 재배업</td></tr>
<tr><td>기타 시설작물 재배업</td></tr>
</table>

그러나 해외 재배도 국내 기업이 직접 책임을 지고 한 경우만 인정된다. 즉 해외 기업이 생산한 것을 단순히 수입한 것은 인정되지 않는다. 즉 직접 생산하지는 않지만 위탁을 하고 직접 관리를 하여야 한다. 그러기 위하여 우선 종자의 생산 활동이 국내 회사의 지도와 감독에 의하여 이루어져야 한다.

회사가 생산비용 또는 원종의 불량 등으로 생산중단 시 발생한 비용을 부담하여야 한다. 또한 하자가 있더라도 그것을 한국 회사가 부담하여 회사의 책임과 계산으로 생산한 것이어야 한다. 이런 경우 작물재배업에 해당한다.

이렇게 한국 회사가 원원종을 연구개발 및 재배하여 원종을 생산한 후 계약에 따라 이를 국내외에 제공하여 생산하도록 하여 매입 및 가공하여 생산한 상품종자를 판매함으로써 얻은 소득은 작물재배업에서 발생한 농업소득에 해당한다(조심2017서2996, 2018.4.16.).

배추 같은 채소재배도 작물재배업에 포함된다. 이 때 농민이 생산한 배추를 제조장이나 판매장을 설치하지 않고 단순하게 천일염 또는 염수에 절여 전자상거래 등 통신판매를 통해 소비자에게 직접 판매하는 경우 채소작물재배업에 해당하여 사업소득으로 과세되지 않는다(서면법규과-1248, 2013.11.14.).

화훼재배도 작물재배업에 포함한다. 화훼재배에는 노지에서 재배되는 것뿐만 아니라 움막, 온실, 비닐하우스, 수경재배시설, 공장 형 설비 등과 같은 시설에서 재배하는 것도 작물재배업 중 시설작물재배업에 해당한다(소득-2117, 2008.8.5.). 따라서 화훼단지에서 재배하는 화훼재배도 포함된다. 화훼재배 농원을 운영하는 자가 비닐하우스에서 화훼작물을 심었다가 재배용 포트에 옮겨 재배한 후에 판매하는 경우도 화훼작물 재배업'에 해당한다.

이외에도 위의 표에서와 같이 작물재배업은 다양하게 많다.

2) 농어민 부업에 대한 소득세 비과세

(1) 농어민 부업은 비과세 된다

일정한 규모 이하에 해당하는 농민과 어민의 부업 사업소득은 소득세를 내지 않는다(소득세법 제12조 제2호 다목). 농가부업소득이 비과세 한도를 초과하는 경우에는 그 초과하는 금액에 대하여 소득세가 과세된다

(소득46011-570, 2000.5.18.). 농가부업규모를 초과하는 사육두수에서 발생한 소득과 기타의 부업에서 발생한 소득이 있는 경우에는 이를 합산한 소득금액을 기준으로 한다(소득세법시행규칙 제6조 제1호).

소득세를 비과세하는 규모는 축산과 축산이 아닌 부업으로 나누어진다. 축산에서 발생하는 소득은 다음 표의 규모의 축산에서 발생하는 소득을 말한다(소득세법시행령 제9조 제1항 1호).

〈표 2〉 농가부업규모 축산의 범위(소득세법시행령 별표1, 2012.2.2. 개정)

가축별	규 모	비 고
젖소	50마리	1. 성축을 기준으로 한다. 다만, 육성우의 경우에는 2마리를 1마리로 본다. 2. 사육두수는 매월 말 현황에 의한 평균 두수로 한다.
소	50마리	
돼지	700마리	
산양	300마리	
면양	300마리	
토끼	5,000마리	
닭	15,000마리	
오리	15,000마리	
양봉	100군	

이를 보면 말은 나오지 않는다. 따라서 축산업자가 말을 사육하는 활동에서 발생하는 소득은 별표 1의 농가부업규모의 축산에서 발생하는 소득에 해당하지 않는다(서면소득-200, 2017.4.7.). 축산인 경우는 소득금액의 한도는 관계가 없이 표에 나온 규모이면 비과세한다.

축산 이외의 농가부업소득은 소득금액의 합계액이 연 3천만 원 이하인 경우이다(소득세법시행령 제9조 제1항 2호). 여기서 소득금액은 매출과 다른 것으로 비용을 차감한 금액을 말한다.

그럼 농가부업소득이란 무엇일까. 우선 농민이나 어민이 하는 부업이어야 한다. 일반인이 하면 과세된다. 따라서 농민과 어민에 해당되지 않는 사람은 해당이 없다. 그리고 농가부업소득 모든 소득이 해당되는 것이 아니다. 축산·고공품(藁工品 제조·민박·음식물 판매·특산물 제조·전통차 제조·양어 및 그 밖에 이와 유사한 활동에서 발생한 소득을 말한다(소득세법시행령 제9조 제1항). 같은 민박이라도 농민이 부업으로 하면 비과세의 대상이지만 일반인이 하면 과세된다.

참고로 개인사업자는 매출 규모가 작으면 단순경비율 등의 혜택이 있다. 이렇게 매출규모를 판단할 때 비과세 되는 농어가부업소득에 해당하는 수입금액은 매출로 보지 않는다(사전법령소득-124, 2020.4.3.).

여러 명이 공동사업을 농가부업을 하는 경우는 전체가 아니라 개인별로 나누어 비과세 여부를 판단한다. 즉 공동사업자별로 분배된 소득금액을 기준으로 비과세 요건을 판단한다(서면-2016-소득-3352, 2016.3.30., 서면소득-5877, 2016.12.6.에서 인용).

비과세되는 농가부업규모인지는 가축별로 이를 적용한다. 이 경우 공동으로 축산을 영위하는 경우에는 각 사업자의 지분을 기준으로 이를 적용한다(소득세법시행규칙 제6조 제1호).

(2) 농민과 어민만 부업이 비과세

부업이라도 일반인인 경우 과세된다. 즉 농민이나 어민인 경우만 부업소득이 비과세된다. 농가부업소득은 농어민이 사업에 해당하는 부업을 영위하는 경우에 적용하는 것으로서, 근로소득자가 일과 전후 또는 휴일에 축산업을 영위하는 경우에는 비과세되는 농가부업소득이 아니다(서면1팀-1079, 2005.9.12.).

어업을 하는 어선의 대표자도 어민에 해당된다. 따라서 부업에 해당되는 경우 비과세된다. 한국표준산업분류에 따른 연근해어업·내수면어업을 경영하는 선장이 직접 어로행위를 하지 아니하는 경우에도 그 사업에서 발생하는 소득으로서 소득금액의 합계액이 법이 정하는 금액 이하의 소득은 농가부업소득에 해당한다고 회신하였다(서면법령소득-2500, 2018.12.10.).

농어민이 아니라 사업자인 경우에도 부업이라 하더라도 비과세되지 않는다. 예를 들어 양계장을 운영하고 있는 축산업자가 부업으로 소를 사육하여 그대로 판매하기도 하고, 타인이 운영하는 도살장에 맡겨서 도살한 후 부위별로 포장하여 블로그나 전화로 주문을 받은 후에 판매하는 경우 농가부업소득에 해당하지 않는다(서면소득-2820, 2017.12.21.).

(3) 비과세 농가부업은 어떤 것이 있을까

농가부업은 축산·고공품(藁工品) 제조·민박·음식물 판매·특산물 제조·전통 차 제조·양어 및 그 밖에 이와 유사한 활동을 말한다(소득세법 시행령 제9조 제1항).

축산이라도 농·어민이 아닌 전문양봉업자가 양봉에서 생산한 벌꿀을 판매하여 얻는 소득은 농가부업이 아니다. 또한 농어민이 하는 축산은 농가부업이지만 상설판매장(영업장)을 특설하여 축산물을 판매하는 경우는 제외한다(소득세법집행기준 12-9-1). 축산에는 뱀이나 개구리 같은 것은 포함되지 않는다. 그러나 농가부업에는 해당한다. 따라서 소득금액의 합계액이 연 3천만 원 이하인 것에 해당하는 경우에는 비과세한다(서면소득-5142, 2016.9.30.).

민박은 농가부업에 해당한다. 민박은 「농어촌정비 법」에 따른 농어촌 민박사업을 말한다(소득세법시행령 제9조 제2항). 농어촌민박사업을 경영하려는 자는 신고를 하도록 정하고 있다(농어촌정비법시행령 제86조 제1항). 농민이 하지 않는 민박은 과세된다.

농가부업소득에는 농민과 어민이 부업으로 경영하는 특산물제조에서 발생한 소득도 포함된다(소득세법시행령 제9조 제1항). 여기서 특산물은 「식품산업진흥법」에 따른 전통식품 및 「농수산물 품질관리법」에 따른 수산특산물을 말한다(소득세법시행령 제9조 제3항).

전통식품이란 국산 농수산물을 주원료 또는 주재료로 하여 예로부터 전승되어 오는 원리에 따라 제조·가공·조리되어 우리 고유의 맛·향 및 색을 내는 식품을 말한다(식품산업진흥법 제2조 제4호).

그러나 대추를 재배하는 농민이 직접 재배한 대추를 가공공장에 맡긴 후, 가공공장에서 생산된 대추 즙을 판매함으로서 발생하는 소득은 농어가부업소득에 해당하지 않는다(사전법령소득-191, 2020.3.13.). 수산특산물이란 수산가공품 중 특정한 지역에서 생산하거나 특징적으로 생산한 수산물을 원료로 하여 제조·가공한 제품을 말한다(농수산물 품질관리법 제2조 제14호).

전통차란 「식품산업진흥법」 제22조에 따라 농림축산식품부장관이 인증한 차를 말한다(소득세법시행령 제9조 제4항).

양어란 통계청장이 고시하는 한국표준산업분류에 따른 어업 중 양식어업을 말한다(소득세법시행령 제9조 제5항). 예를 들어 농·어민이 부업으로 영위하는 양어 기타 이와 유사한 활동에서 발생한 소득에는 통계청장이 고시하는 한국표준산업분류상의 양식어업에서 발생하는 소득이 포함된다(소득46011-570, 2000.5.18.). 염전업을 하고 있는 사업자가 천일염을 생산하여 판매하는 소득은 농가부업소득의 범위에 해당하지 않는다(서면소득-2478, 2017.12.14.).

〈표 3〉 농가부업소득의 사례

농가부업소득에 해당하지 않는 경우	농가부업소득에 해당되는 경우
• 농어민이 상설판매장(영업장)을 특설하여 농산물을 판매하는 경우	• 어민이 경영하는 양식어업에서 발생하는 소득 • 농어민이 부업으로 특정 고정설비 내에서 버섯 등을 재배하여 발생하는 소득 • 농민이 부업으로 농업용 기계장치(트랙터 등)을 임대하여 받는 소득)

기타 농가부업소득의 사례는 다음과 같다(소득세법집행기준 12-9-1).

3) 농지임대소득의 비과세

우리나라에서는 농사를 짓지 않고 농지를 임대해주고 있는 수십만 명의 농지 소유자가 임대료 수익에 세금을 한 푼도 내지 않는다. 우리나라에서 농지를 빌려 농사를 짓는 농가는 60만 가까지 된다고 한다(2016). 농지 임대료는「소득세법」제12조에서 정한 비과세 항목이다.

논이나 밭을 작물 생산에 이용하게 함으로써 발생하는 사업소득은 소득세를 내지 않는다(소득세법 제12조 제2호 가목). 비과세되는 사업소득인 농지임대에 따른 소득이란 임차인에게 농지를 논·밭의 본래 목적인 작물생산에 이용하게 하고 받는 소득을 말한다.

거주자의 과수원을 임차하여 다른 작물생산에 이용한 경우 해당 거주자의 과수원임대로 발생하는 소득은 비과세소득에 해당하나 작물생산 이외의 용도로 이용하는 경우에는 과세소득에 해당한다(소득세법 집행기준 12-0-1).

그러나 1996년「농지법」개정 이후 직접 농사를 짓지 않으면 땅을 소유할 수 없도록 했다. 따라서 대부분 불법 농지임대이다. 법과 현실이 괴리된 모순적인 모습이다.

4) 어민의 어업소득의 비과세

한국표준산업분류에 따른 연근해어업과 내수면어업에서 발생하는 어로어업소득으로서 소득금액의 합계액이 5천만 원 이하인 소득은 비과세한다(소득세법시행령 제9조의 5 제1항). 매출이 아니라 소득금액을 기준으로 한다. 영세한 어민을 지원하기 위한 제도이다.

5) 전통주 제조 비과세

(1) 비과세되는 규모

소규모의 전통주 제조에서 발생하는 소득은 소득세를 내지 않는다(소득세법 제12조 제2호 라목). 소규모란 소득금액의 합계액이 연 1천200만 원 이하인 것을 말한다(소득세법시행령 제9조의 2). 매출을 말하는 것이 아니고 비용을 차감한 소득을 기준으로 한다. 그 소득금액의 합계액이 연 1천200만원을 초과하는 경우에는 소득세가 전액 과세된다(소득세과-1354, 2009.9.3.).

(2) 비과세되는 전통주

전통주는「주세법」제2조 제8호에 따른 전통주를 말한다. 과거에 지정된 것도 있다. 관광 진흥을 위하여 국토교통부장관이 추천하여「주세법 시행령」제2조의 2의 규정에 의한 주류심의회(대통령령 제16665호 주세법

시행령에 의하여 폐지되기 전의 것을 말한다.) 또는「주류심의회 규정」에 의한 주류심의회(대통령령 제6356호 주류심의회규정에 의하여 폐지되기 전의 것을 말한다.)의 심의를 거친 주류(1991년 6월 30일 이전에 추천한 것에 한한다.), 종전의「제주도개발특별법」에 의하여 제주도지사가 국세청장과 협의하여 제조허가를 한 주류(1999년 2월 5일 이전에 허가한 것에 한한다.)를「수도권정비계획법」제2조 제1호에 따른 수도권 밖의 읍·면 지역에서 제조함으로써 발생하는 소득이다(소득세법시행령 제9조의 2, 소득세법시행규칙 제6조의 2).

전통주는 크게 세 가지로 나눈다.

첫째,「무형문화재 보전 및 진흥에 관한 법률」제17조에 따라 인정된 주류부문의 국가무형문화재 보유자 및 같은 법 제32조에 따라 인정된 주류부문의 시·도무형문화재 보유자가 제조하는 주류이다.

둘째,「식품산업진흥법」제14조에 따라 지정된 주류부문의 대한민국식품명인이 제조하는 주류이다.

셋째,「농업·농촌 및 식품산업 기본법」제3조에 따른 농업경영체 및 생산자단체와「수산업·어촌 발전 기본법」제3조에 따른 어업경영체 및 생산자단체가 직접 생산하거나 주류제조장 소재지 관할 특별자치시·특별자치도 또는 시·군·자치구 및 그 인접 특별자치시 또는 시·군·구에서 생산한 농산물을 주원료로 하여 제조하는 주류로서「전통주 등의 산업진흥에 관한 법률」제8조 제1항에 따라 특별시장·광역시장·특별자치시장·도지사·특별자치도지사의 추천을 받아 제조하는 주류이다(주세법 제2조 제8호).

농가부업소득과 전통주의 제조에서 발생하는 소득이 함께 있는 경우에는 각각의 소득에 대해 비과세 범위를 판단한다(소득세과-1354, 2009. 9.3.).

〈표 4〉 농가부업소득과 전통주제조소득의 비교(소득세법집행기준 12-9의 2-1)

구분	농가부업소득	전통주제조소득
비과세대상	농어민으로서 농가부업소득이 있는 자	수도권 밖의 읍면지역에서 전통주를 제조하는 자
비과세범위	가축별 사육두수 이하 축산소득과 소득금액 연 2000만 원 이하의 소득	소득금액 연 1200만 원 이하인 경우
비과세 범위 초과 시	초과분에 대해 과세	전액 과세
두 개의 소득이 함께 있는 경우	각각의 소득에 대하여 비과세 범위 판단	

2. 임업소득세 면세

사업소득 중 조림기간 5년 이상인 임지(林地)의 임목(林木)의 벌채 또는 양도로 발생하는 소득으로서 연 600만 원 이하의 금액은 소득세를 내지 않는다(소득세법 제12조 제2호 마목).

여기서 조림기간은 자기가 조림한 임목에 대하여는 그 식림(植林)을 완료한 날부터, 도급에 의하여 식림한 임목에 대하여는 그 임목을 인도받은 날부터, 다른 사람이 조림한 임목을 매입한 경우에는 그 매입한 날부터, 증여받은 임목에 대하여는 증여를 받은 날부터 벌채 또는 양도한 날까지의 기간, 상속받은 임목에 대하여는 피상속인의 앞에서 나열한 조림기간의 조림개시 일부터 상속인이 벌채 또는 양도한 날까지의 기간, 분수계약에 의한 권리를 취득한 경우에는 그 권리의 취득일부터 양도일까지의 기간을 말한다(소득세법시행령 제9조의 3 제1항).

이 경우 식림을 완료한 날 또는 인도를 받은 날은 그 식림을 한 산림의 임분 단위로 적용한다(소득세법시행령 제9조의 3 제3항). 임분(林分)이란 임상(林相)이 동일하고 주위의 것과 구분할 수 있는 산림경영상의 단위가 되는 임목의 집단을 말한다(소득세법시행령 제9조의 3 제3항).

분수계약(分收契約)이란 산지의 소유자, 비용부담자 및 조림을 하는 자가 당사자가 되어 조림을 하고, 그 조림한 산림의 벌채 또는 양도에 의한 수익을 일정률에 따라 나누기로 하는 계약을 말한다(소득세법시행령 제9조의 3 제1항).

제2절 농민에 대한 양도세 감면

1. 자경농지에 대한 양도세 감면

1) 자경농지 양도세감면의 내용

농지 소재지에 거주하는 거주자가 8년 이상 직접 경작한 토지를 양도하는 경우 양도소득세를 전액 면제한다(조세특례제한법 제69조 제1항).

토지가 「국토의 계획 및 이용에 관한 법률」에 따른 주거지역, 상업지역 및 공업지역에 편입되거나 「도시개발 법」 또는 그 밖의 법률에 따라 환지처분 전에 농지 외의 토지로 환지예정지 지정을 받은 경우에는 주거지역, 상업지역 및 공업지역에 편입되거나, 환지예정지 지정을 받은 날까지 발생한 소득에 대해서만 양도소득세 전액을 감면한다(조세특례제한법 제69조 제1항).

이 경우 양도소득세가 감면되는 소득은 다음과 같이 계산한다(조세특례제한법 시행령 제66조 제7항). 다만, 「공익사업을 위한 토지 등의 취득 및 보상에 관한 법률」 및 그 밖의 법률에 따라 협의매수 되거나 수용되는 경우에는 다음 중 양도당시의 기준시가를 보상가액 산정의 기초가 되는 기준시가로 보며, 새로운 기준시가가 고시되기 전에 취득하거나 양도한 경우 또는 주거지역등에 편입되거나 환지예정지 지정을 받은 날이 도래하는 경우에는 직전의 기준시가를 적용한다(조세특례제한법 시행령 제66조 제7항 단서).

$$\text{감면되는 소득} = \text{양도소득금액} \times \frac{\text{주거지역 등에 편입되거나 환지 예정지 지정을 받은 날의 기준시가} - \text{취득당시의 기준시가}}{\text{양도당시의 기준시가} - \text{취득당시의 기준시가}}$$

보상가액 산정의 기초가 되는 기준시가는 보상금 산정 당시 해당 토지의 개별공시지가로 한다(조세특례제한법 시행규칙 제27조 제6항).

2) 자경농지 양도세감면의 대상

(1) 감면대상의 개요

농지를 보유한 기간 중 8년 이상 농지소재지에 거주하면서 직접 경작하고 양도일 현재 농지인 경우에 적용한다(조세특례제한법 집행기준 69-66-1). 이러한 감면은 농업을 육성하는 목적으로 세금부담을 경감시켜 주려는 제도이다(대법원 1994.10.21. 선고 94누996 판결, 대법원 1995.2.3. 선고 94누11859 판결 등 참조).

(2) 8년 이상 농지소재지 거주자

8년 이상 농지소재지에 거주하면서 경작한 자로서 농지 양도일 현재 거주자인 자인 경우에 감면규정을 적용한다(조세특례제한법 시행령 제66조 제1항). 거주자란 「소득세법」 제1조의 2 제1항 제1호에 따른 거주자인 자를 말한다. 즉 국내에 주소를 두거나 1년 이상의 거소(居所)를 둔 개인을 말한다.

비거주자라도 비거주자가 된 날부터 2년 이내인 자는 거주자로 본다(조세특례제한법 시행령 제66조 제1항, 조세특례제한법 집행기준 69-66-2). 비거주자가 상속받은 농지인 경우에도 피상속인이 감면요건을 충족한 경우에는 자경농지에 대한 감면 규정을 적용받을 수 있다(조세특례제한법 집행기준 69-66-3).

8년 이상 농지소재지에 거주했어야 한다(조세특례제한법 시행령 제66조 제1항). 거주자가 농지를 취득하여 농지소재지에 거주하면서 8년 이상 자경한 경우에는 설령 양도당시 농지소재지에 거주하지 않아도 감면한다(조세특례제한법 집행기준 69-66-5).

농지소재지는 상당히 넓은 범위까지 인정된다(조세특례제한법 시행령 제66조 제1항).

첫째, 농지가 소재하는 시(특별자치 시와 제주도의 행정 시 포함), 군, 자치구인 구안의 지역이다(조세특례제한법 시행령 제66조 제1항 1호).

둘째, 첫째 지역과 연접한 시, 군, 자치구인 구 안의 지역이다(조세특례제한법 시행령 제66조 제1항 2호).

셋째, 해당 농지로부터 직선거리 30킬로미터 이내의 지역이다(조세특례제한법 시행령 제66조 제1항 3호). 경작개시당시에는 농지소재지에 해당하였으나 행정구역의 개편 등으로 이에 해당하지 아니하게 된 지역도 농지소재지에 포함한다(조세특례제한법 시행령 제66조 제1항).

(3) 3년 이상 거주도 인정되는 경우

경영이양 직접지불보조금의 지급대상이 되는 농지를「한국농어촌공사 및 농지관리기금법」에 따른 한국농어촌공사 또는 농업을 주업으로 하는 법인에 2021년 12월 31일까지 양도하는 경우에는 3년 이상 농지소재지에 거주한 경우에도 인정된다(조세특례제한법 제69조 제1항, 조세특례제한법 시행령 제66조 제1항).

경영이양 직접지불보조금은「농산물의 생산자를 위한 직접지불제도 시행규정」 제4조에 따른 경영이양보조금을 말한다(조세특례제한법 시행령 제66조 제3항). 경영이양 직접지불보조금의 지급대상이 되는 농지는「농산물의 생산자를 위한 직접지불제도 시행 규정」 제4조에 따른 경영이양보조금을 신청할 수 있는 농업인(65세 이상부터 70세 이하까지)이 소유한 경영이양보조금의 지급대상 농지를 말한다(조세특례제한법 집행기준 69-66-9).

농업을 주업으로 하는 법인은「농어업경영체 육성 및 지원에 관한 법률」 제16조에 따른 영농조합법인 및 동법 제19조에 따른 농업회사 법인을 말한다(조세특례제한법 시행령 제66조 제2항).

(4) 8년 이상 자경

양도자가 8년 이상 농지소재지에 거주하면서 자기가 경작한 사실이 있어야 한다(조세특례제한법 시행령 제66조 제1항, 조세특례제한법 시행규칙 제27조 제2항 2호). 8년 이상 자경에 대해서는 아래에서 상세히 추가로 설명한다.

(5) 8년 이상 소유

8년 이상 농지를 소유하였어야 한다(조세특례제한법 시행규칙 제27조 제2항). 8년 이상 소유한 사실은 등기부등본 또는 토지대장등본, 이에 의하여 확인할 수 없는 경우에는 그 밖의 증빙자료에 의하여 확인되어야 한다(조세특례제한법 시행규칙 제27조 제2항 1호).

보통 토지소유는 등기부등본을 기준으로 한다. 하지만 등기부등본에 등기를 늦게 하는 경우에도 실제로 취득한 사실이 인정되면 실제 취득일을 인정하는 판례도 있다. 농지를 취득하면서 매매대금 전액을 지급했음에도 등기를 미루다가 소유권이전등기를 늦게 한 경우 매매대금을 지급한 시점에 농지를 취득한 시점이므로 이때부터 소유기간, 재촌 및 자경 요건을 판단한다(서울고법2013누6840, 2013.8.16.).

한편 한국농어촌공사, 영농조합법인 및 농업회사 법인에게 양도하는 경우에는 3년, 농지대토로 종전의 농지를 양도하는 경우에는 4년 이상 소유한 사실을 확인한다(조세특례제한법 시행규칙 제27조 제2항 1호).

이 경우 조세특례제한법 제70조의 2(경영회생 지원을 위한 농지 매매 등에 대한 양도소득세 과세특례) 제1항에 따라 양도소득세를 환급받은 농업인이 환매한 농지 등을 다시 양도하는 경우로서 8년 이상 자경 농지에 해당하는지를 확인하는 경우 「한국농어촌공사 및 농지관리기금법」 제24조의 3 제3항에 따른 임차기간 내에 경작한 기간은 해당 농업인이 해당 농지 등을 소유한 것으로 본다(조세특례제한법 시행규칙 제27조 제2항 1호).

3) 자경농지 감면대상 농지

(1) 지목과 실제가 농지이어야

농지는 물론 지적공부상에 농지인 것이 원칙이다. 그리고 농지는 지적공부상의 전과 답으로서 실지로 경작에 사용되는 토지이여야 한다(조세특례제한법 시행규칙 제27조 제1항). 농지에는 실제로 경작에 사용되는 과수원도 포함한다(조세특례제한법기본통칙 69-66…1).

그렇다고 농지가 아닌 토지에 경작물을 재배했다고 인정되는 것은 아니다. 토지 전체의 주된 용도가 대지임이 분명하고 그 중 일부분에 농작물을 경작한 것은 주된 용도에 지장이 없는 범위에서의 잠정적인 토지의 이용에 불과할 뿐이므로 경작 부분만을 특정하여 양도소득세가 면제되는 자경농지에 해당된다고 볼 수 없다(조세특례제한법 집행기준 69-66-27). 일반건축물(제1종 근린생활시설인 마을공동구판장)에 딸린 토지도 마찬가지로 농지에 해당하지 않는다(부동산거래관리과-40, 2013.1.25.).

(2) 농지의 범위

농지는 논과 밭이 원칙이지만 그 범위는 다양하다.

우선 나무를 심은 토지의 경우 농지에 포함된다. 실제로 경작에 사용된 과수원을 포함하는 것이며, 당해 과수원을 경작하기 위해 필수적으로 부수되는 방풍림, 농도, 농막(저장고, 창고 등) 등은 농지로 본다. 다만 방풍림, 농도, 농막 등이 과수원 경작을 위해 필수적으로 부수되는 토지인지의 여부는 사실 조사하여 판단한다(재일46014-72, 1998.1.16.).

또한 식용을 목적으로 매실 열매를 거두기 위하여 묘목을 재배하는 토지는 농지에 포함된다(부동산납세과-39, 2014.1.21.). 또한 판매목적으로 느티나무, 벚나무 등의 수종을 식재한 경우 농지로 본다(조심2012전3130,

2012.12.20.). 나무뿐만 아니라 꽃도 포함된다.

자경농지에 대한 양도소득세의 감면은 난을 재배하는 토지도 적용된다(사전법령재산-481, 2020.8.13.). 그러나 사료용 목초 등의 재배지는 농지에 해당하지 아니한다(대법원 2008.1.1. 선고 2007두19720 판결, 국심 2006중1866, 2006.9.25. 참조)(심사양도2014-163, 2014.12.23.).

또한 농지에는 농지경영에 직접 필요한 농막, 퇴비사, 양수장, 지소, 농도, 수로 등을 포함한다(조세특례제한법 시행규칙 제27조 제1항). 그러나 농산물집하장은 농산물판매시설로서 농지에 해당하지 않는다(조심 2013중170, 2013.11.25.). 보통 건물은 건물의 바닥면적에 용도지역별로 일정한 배수의 토지를 인정한다.

그러나 농막이나 퇴비사의 바닥면적에 용도지역별 적용배율을 곱한 부분을 농지로 보도록 규정하고 있지 않으므로 농막이 정착된 부분만 농지로 본다(조심2014중5062, 2014.12.30.).

농막 같은 창고의 경우 무제한 인정하지는 않는다. 창고의 면적이 일반적인 농막보다 규모가 크고, 농업규모에 비하여 지나치게 넓으며, 대부분의 농지가 먼 거리에 위치하여 영농기구나 수확물을 보관하는 창고의 기능보다는 수확물의 선별, 포장을 위한 작업장으로서의 기능이 큰 경우 영농에 필요한 독립된 시설로 보는 것이 타당하므로 농막이 아닌 것으로 보아 8년 이상 자경농지에 대한 감면을 배제한다(조심2014중1576, 2014.11.18.).

4) 감면대상 자경농지 판정의 시기

(1) 양도일 현재 농지

감면대상인 농지는 양도일 현재의 농지를 기준으로 한다(조세특례제한법 시행령 제66조 제5항, 부동산납세관리과-227, 2014.4.3.). 양도일 현재 농지라는 증거는 주민등록표등본의 확인 및 시·구·읍·면장이 교부 또는 발급하는 농지원부원본과 자경증명의 확인의 모두의 방법에 의하여 확인되는 토지이어야 한다(조세특례제한법 시행규칙 제27조 제2항 2호). 양도일이 언제인지는 「소득세법 시행령」 제162조의 규정에 의한다(조세특례제한법 시행령 제66조 제5항).

양도일 현재 실제로 경작에 사용되는 토지를 양도 후 건축용 대지로 사용하기 위하여 매각되는 경우에도 양도일 현재 농지로 본다(조세특례제한법기본통칙 69-0…2). 농지 지역이 곧 수용될 것이어서 휴경한 특별한 사정이 있는 경우 잡풀이 무성한 잡종지 상태였다고는 하지만 농지로서의 성질이 변하였다고 보기 어렵다(조심2013부2085, 2013.6.28.).

(2) 양도일 현재 실제 경작 농지

「조세특례제한법」 상 양도소득세가 면제되는 자경농지는 양도일 현재 농지라는 요건을 갖추어야 한다. 물론 공부상의 지목이 농지인 것이 원칙이다. 그러나 등기부상 농지라도 양도일 현재 실제로 경작에 사용되지 않은 토지는 일시적인 휴경상태가 아닌 한 농지로 인정되지 않는다(대법원89누664, 1990.2.13. 같은 뜻임)(심사양도2013-38, 2013.5.15.).

따라서 경작에 사용되지 않은 것이 소유자의 자의에 의한 것이든 또는 타의에 의한 것이든 양도소득세 비과세대상인 토지에 해당하지 않는다(대법원 2008.4.11. 선고 2006두13183 판결, 같은 뜻임, 조세특례제한법 집행기준 69-66-27).

경작하지 않았더라도 일시적으로 휴경한 경우는 감면대상 농지로 본다. 양도일 현재 실지로 경작에 사용되지 아니한 토지는 경작에 사용되지 못한 사유가 계절적인 사유 등 일시적인 휴경상태로 인한 것이 아닌

한 양도일 현재 농지로 볼 수 없다. 일시적인 휴경상태라 함은 법률상의 사유로 강제 휴경되는 경우, 도로개설에 따른 진출입로를 위한 강제적인 농지사용 등 휴경상태에 이를 수밖에 없는 특별한 사정 등이 있어야 한다. 건강상의 이유라는 사정만으로는 일시적인 휴경상태를 인정하기 어렵다(조심2015중5009, 2015.12.2.).

따라서 양도 당시 도시계획시설사업 고시에 의하여 도로로 편입되어 일시 휴경한 경우 휴경 기간 중에 주차장으로 사용되었다는 사정만으로 이를 농지가 아니라고 단정 짓기는 부족하다(조심2010전2630, 2010.12.31. 참고)(조심2012중2484, 2012.11.20.).

또한 토지를 취득하여 수용되기 전까지 농지소재지에서 전업농으로 영농에 종사하였으나 토지가 공공용지로 수용됨에 따라 농사를 짓기 어렵게 되고 수용보상금 등의 협의로 인하여 보상금의 수령이 지연되어 양도시기가 늦어진 경우 농지상태에서 양도한 것으로 봄이 합리적이다(조심2012부4285, 2013.1.28.).

(3) 실제 경작하지 않아도 감면되는 경우

양도일 현재 실제 경작하지 않아도 감면될 수 있는 경우가 있다(조세특례제한법 시행령 제66조 제5항 단서).

첫째, 양도일 이전에 매매계약조건에 따라 매수자가 형질변경, 건축착공 등을 한 경우에는 매매계약일 현재 농지인 경우에는 감면대상이다(조세특례제한법 시행령 제66조 제5항 단서 1호).

둘째, 환지처분 전에 해당 농지가 농지 외의 토지로 환지예정지 지정이 되고 그 환지예정지 지정 일부터 3년이 경과하기 전의 토지로서 환지예정지 지정 후 토지조성공사의 시행으로 경작을 못하게 된 경우에는 토지조성공사 착수일 현재 농지인 경우이다(조세특례제한법 시행령 제66조

제5항 단서 2호).

환지처분 이전에 환지예정지를 지정하는 경우 그 환지예정지 지정 일부터 3년이 지난 농지는 감면에서 제외된다. 이 때 환지예정지 지정일은 사업시행자가 조합원에게 '환지계획 예정지 지정 통보'한 날을 말한다. 환지계획 예정지 지정을 통보함으로써 환지예정지 지정이 확정된 것으로 보는 것이다(부동산납세과-619, 2014.8.22.).

셋째, 「광산피해의 방지 및 복구에 관한 법률」, 지방자치단체의 조례 및 지방자치단체의 예산에 따라 광산피해를 방지하기 위하여 휴경하고 있는 경우 휴경계약일 현재 농지인 경우이다(조세특례제한법 시행령 제66조 제5항 단서 3호).

5) 감면대상 자경의 요건

(1) 자경의 의의

자경이란 '직접' 경작한 경우를 말한다(부동산납세과-440, 2014.6.24.). 직접 경작이란 거주자가 그 소유농지에서 농작물의 경작 또는 다년 생식물의 재배에 상시 종사하는 것 또는 거주자가 그 소유농지에서 농작업의 2분의 1 이상을 자기의 노동력에 의하여 경작 또는 재배하는 것을 말한다(조세특례제한법 시행령 제66조 제13항).

'자기의 노동력'의 의미를 자기의 책임·계산 하에 다른 사람을 고용하는 경우까지 포함하는 것으로는 볼 수 없고, 그 의미를 문리대로 해석하여 농작업의 2분의 1 이상을 자신이 직접 또는 손수 담당하여야만 자경요건을 충족한다(대법원 2010.9.30. 선고, 2010두8423 판결 참조)(심사양도 2015-78, 2015.8.28.).

농지 면적에 비하여 작물재배가 너무 작은 경우에는 전업농으로 작물을 재배한 것으로 인정하거나 자기 노동력의 2분의 1 이상을 투입하여 자경한 결과로 인정하기에는 어렵다(대법원 95누9709, 1995.11.14. 같은 뜻)(심사양도2015-96, 2015.9.25.).

가족들이 그 경작을 함께 하였고 이를 위해 인부들을 고용하기도 하는 등 경작에 부분적으로만 종사한 경우 농작업의 2분의 1 이상을 자신의 노동력으로 충당하였다고 볼 수 없다(대법원 2012두19700, 2012.12.27.)(심사양도2015-104, 2015.9.23.).

농지소재지에 거주하면서 자기가 직접 농작물을 경작하거나 자기책임하에 농사를 지은 농지로서 위탁경영하거나 대리경작 또는 임대차한 농지를 제외한다(조세특례제한법기본통칙 69-0…3 1항). 노동조합의 전임자이기 때문에 자경에 필요한 시간을 낼 수 있고, 비료 구입내역, 농업인자녀 학자금 지급내역 등을 제출하더라도 제3자를 시켜 작업비용을 주고 농지에 농기계로 모내기, 벼 베기, 탈곡, 건조, 정미 등의 주요한 작업을 한 경우에는 사실상 위탁 경작한 것인 경우에는 감면을 받을 수 없다(조심2015부4005, 2015.12.22.).

토지가 농지로 경작된 사실이 인정된다고 하더라도 거주자가 경작한 사실까지 추정되는 것은 아니므로 직접 경작한 사실은 그와 같은 사실을 주장하는 양도자가 입증하여야 한다(조세특례제한법 집행기준 69-66-7).

과거 직접 경작에 대하여 별도로 규정하지 않았다. 당시 대법원은 '직접 경작'의 의미를 양도자가 손수 경작하는 경우뿐 아니라 자기의 책임과 계산 하에 다른 사람을 고용하여 경작하는 경우도 포함된다고 해석하였다(대법원 1994.10.21. 선고, 94누996 판결 ; 대법원 2003.5.30. 선고, 2003두2465 판결 등 참조).

2006년 「조세특례제한법 시행령」이 개정되면서 직접 경작이라 함은 거주자가 그 소유농지에서 농작물의 경작 또는 다년생 식물의 재배에 상시 종사하거나 농작업의 2분의 1 이상을 자기의 노동력에 의하여 경작 또는 재배하는 것을 말한다고 규정하였다.

본인이 직접 경작한 경우에 한하여 자경감면을 받을 수 있으므로 부인 소유의 농지를 같은 세대원인 남편이 자경한 경우에는 자경기간에 포함되지 아니한다(조세특례제한법 집행기준 69-66-12).

농지를 배우자에게 증여했다가 다시 증여받은 경우, 농지를 배우자에게 증여하기 이전에 자경한 기간과 배우자가 농지를 자신에게 증여하기 이전에 자경한 기간을 자경기간 계산 시 통산할 수 없다(조심2015부4968, 2015.12.23.).

상속받은 농지를 한국농어촌공사에 위탁하여 임대하는 경우에는 상속인이 경작하는 것으로 보지 아니한다(조세특례제한법 집행기준 69-66-16).

그러나 고령이나 질병이 있는 경우의 예외를 인정한 판례가 있다. 농지에 매실나무, 감나무, 오디나무 등을 식재하고, 실제 경작에 필요한 묘목·모종·농자재 및 퇴비 등의 구매사실이 확인되고, 고령이고 병이 있는 농지소유자를 대신해 며느리가 호박, 강냉이, 들깨 등 경작 및 관리가 용이한 작물위주로 선택하여 재배한 경우 자경농지로 본다(조심2015구695, 2015.12.24.).

다른 직업에 전념하면서 공휴일 등을 이용하여 간헐적, 간접적으로 경영하는 것에 불과한 경우에는 자경에 해당한다고 볼 수 없다(대법원 2002.10.11. 선고2002두844 판결, 같은 뜻임). 근로소득자로 회사에서 근무하였거나 사업영위 자였던 경우에는 농작업의 2분의 1 이상을 자기의 노동력에 의하여 경작하였다고 보기 어려워 자경으로 인정할 수 없다(조심2015부5148, 2015.12.28.).

주소지에 대하여 농지에서 멀어 왕복하는 데 상당한 시간과 비용이 소요되고 농지도 매우 작아 불합리해 보이고 경작물도 그 수가 작은 경우

8년 이상 상시 종사하거나, 농작업의 2분의 1 이상을 자기의 노동력에 의하여 경작 또는 재배하였다고 보기는 어렵다고 판단한 사례가 있다(심사양도2013-71, 2013.5.10.).

(2) 자경기간의 계산

① 자경기간의 계산의 원칙

8년 이상 자경이란 취득한 때부터 양도할 때까지의 사이에 8년 이상 자기가 경작한 사실이 있는 농지를 말한다(조세특례제한법 시행령 제66조 제4항). 당해 농지 보유기간동안에 8년 이상 농지소재지에 거주하면서 자기가 직접 경작한 경우로서 양도일 현재 농지소재지에 거주하지 아니한 경우에도 양도소득세의 면제대상이 된다(조세특례제한법기본통칙 69-0…4).

자경기간의 계산은 다음에 의한다(조세특례제한법 집행기준 69-66-8).

〈표 5〉 자경기간의 계산

구 분	계 산
원 칙	농지 소유기간 동안 자경한 기간을 통산
환지된 농지	환지 전 농지의 자경기간을 합산
증여 받은 농지	수증일 이후 수증 자가 자경한 기간
교환으로 취득한 농지	교환일 이후 자경한 기간. 다만, 농지의 교환 또는 분합, 대토로 취득한 농지가 협의매수·수용되는 경우 교환·분합 및 대토 전의 농지에서 경작한 기간을 통산
환매로 취득한 농지	환매취득일부터 자경한 기간
휴경기간이 있는 농지	휴경기간은 제외

자경기간 8년의 예외도 있다. 「농산물의 생산자를 위한 직접지불제도 시행규정」 제4조에 따른 경영이양보조금의 지급대상이 되는 농지를 「한국농어촌공사 및 농지관리기금법」에 따른 한국농어촌공사 또는 영농조합법인 또는 농업회사 법인에 2021년 12월 31일까지 양도하는 경우에는 3년 이상 경작하면 된다(조세특례제한법 제69조 제1항, 조세특례제한법시행령 제66조 제2항, 제3항, 3조세특례제한법 시행규칙 제27조 제2항 2호). 농지대토로 종전의 농지를 양도하는 경우에는 4년 이상 소유한 사실을 확인한다(조세특례제한법 시행규칙 제27조 제2항 2호).

농막, 원두막, 평상 등 경작에 필요한 시설이 설치되어 있고, 또한 8년생인 나무가 식재되어 있을 뿐만 아니라 8년생이 아니더라도 유실수의 생육기간이 끝나면 다시 유실수 등을 식재하는 경우도 계속된 경작으로 보아야 하고, 8년생 미만의 유실수가 식재되어 있다는 점만으로 8년간 경작이 아니라고 단정할 수는 없다(서울고법2014누60360, 2015.4.24.).

「조세특례제한법」 제70조의 2【경영회생 지원을 위한 농지 매매 등에 대한 양도소득세 과세특례】에 따라 양도소득세를 환급받은 「농지법」 제2조에 따른 농업인이 환매한 해당 농지 등을 다시 양도하는 경우 「한국농어촌공사 및 농지관리기금법」 제24조의 3 제3항에 따른 임차기간 내에 경작한 기간은 해당 농업인이 직접 농지 등을 경작한 것으로 보아 자경농지 등에 대한 양도소득세 감면규정(조세특례제한법 시행령 제66조)을 적용한다(조세특례제한법시행령 제67조의 2 제3항).

② 다른 사업을 하는 경우

사업내역의 수입금액이 미미한 경우에는 농사와 병행할 수 있는 부업으로 볼 수 있다(조심2013부2085, 2013.6.28.). 작물을 심어 경작이 되었고 토지의 면적이 100여 평으로서 다른 직업을 보유하고 있더라도 직접 경작이 가능한 경우 직장에 다니면서 주말을 이용하여 토지를 직접 경작한 경우 2분의 1 이상을 자기의 노동력에 의해 경작하지 아니하였다고 단정하기 어렵다(조심2015서4612, 2015.11.11.). 2014.7.1.

이후 농지를 양도하는 경우에는(부동산납세과-648, 2014.8.29.), 경작한 기간 중 피상속인과 그 배우자 또는 거주자의 사업소득금액과 총급여액의 합계액이 3천700만 원 이상인 과세기간이 있는 경우 그 기간은 해당 피상속인과 그 배우자 또는 거주자가 경작한 기간에서 제외한다. 이 때 사업소득금액의 경우 농업·임업에서 발생하는 소득, 부동산임대업에서 발생하는 소득과 농가부업소득은 제외한다(조세특례제한법 시행령 제66조 제14항). 연금소득도 제외된다(부동산납세과-508, 2014.7.18.).

③ 상속이나 증여의 경우 자경기간의 계산

경작한 기간을 계산할 때 상속인이 상속받은 농지를 1년 이상 계속하여 경작하는 경우에는 직전 피상속인이 취득하여 경작한 기간, 피상속인이 배우자로부터 상속받아 경작한 사실이 있는 경우에는 피상속인(직전 피상속인만 해당)인이 경작한 기간, 피상속인의 배우자가 취득하여 경작한 기간은 상속인이 이를 경작한 기간으로 본다(조세특례제한법 시행령 제66조 제11항). 상속에만 적용되므로 증여받은 농지는 수증일 이후 수증인이 경작한 기간으로 계산한다(조세특례제한법기본통칙 69-0…1 제2항).

상속인이 상속받은 농지를 1년 이상 계속하여 경작하지 아니하더라도 상속받은 날부터 3년이 되는 날까지 양도하는 경우에는 직전 피상속인(직전 피상속인만 해당)이 취득하여 경작한 기간과 피상속인이 배우자로부터 상속받아 경작한 사실이 있는 경우에는 피상속인의 배우자가 취득하여 경작한 기간을 상속인이 경작한 기간으로 본다(조세특례제한법 시행령 제66조 제12항).

또한 상속인이 상속받은 농지를 1년 이상 계속하여 경작하지 아니하더라도「공익사업을 위한 토지 등의 취득 및 보상에 관한 법률」및 그 밖의 법률에 따라 협의매수 또는 수용되는 경우로서 상속받은 날부터 3년이 되는 날까지,「택지개발촉진법」제3조에 따라 지정된 택지개발지구,「산업입지 및 개발에 관한 법률」제6조·제7조·제7조의 2 또는 제8조에 따라 지정된 산업단지 또는 기획재정부령으로 정하는 지역의 어느 하나에 해당하는 지역으로 지정(관계 행정기관의 장이 관보 또는 공보에 고시한 날을 말한다.)되는 경우(상속받은 날 전에 지정된 경우를 포함한다)에는 직전 피상속인이 취득하여 경작한 기간과 피상속인이 배우자로부터 상속받아 경작한 사실이 있는 경우에는 피상속인의 배우자가 취득하여 경작한 기간을 상속인이 경작한 기간으로 본다(조세특례제한법 시행령 제66조 제12항).

여기서 기획재정부령으로 정하는 지역이란「보금자리주택건설 등에 관한 특별법」제6조에 따라 지정된 보금자리주택지구,「도시 및 주거환경정비법」제4조에 따라 지정된 정비구역,「신항만건설촉진법」제5조에 따라 지정된 신항만건설예정지역,「도시개발법」제9조에 따라 지정된 도시개발구역,「철도건설법」제9조에 따라 철도건설사업실시계획 승인을 받은 지역, 기타 유사한 경우로서 다른 법률에 따라 예정지구 또는 실시계획 승인을 받은 지역 등 해당 공익사업으로 인해 해당 주민이 직접적인 행위제한(건축물의 건축, 토지의 형질변경·분할 등)을 받는 지역을 말한다(조세특례제한법 시행규칙 제27조 제7항).

보금자리주택 건설 등에 관한 특별법」에 따라 지정된 보금자리주택예정지구의 경우 구「국민임대주택건설 등에 관한 특별조치법」제5조에 따라 지정된 국민 임대주택단지예정지구이다(조세특례제한법 집행기준 69-66-14).

농지가 국가지정 문화재구역으로 광범위하게 사용제한을 두고 토지의 이용 및 보전에 관한 제한을 하는 토지에 해당되는 경우 다른 법률에 따라 예정지구 또는 실시계획승인을 받은 지역 등 해당 공익사업으로 인해 해당 주민이 직접적인 행위제한을 받는 지역에 해당되므로 피상속인이 취득하여 경작한 기간을 상속인이 경작한 기간으로 보아야 한다(심사양도2012-266, 2013.3.8.).

이를 정리하면 다음과 같다(조세특례제한법 집행기준 69-66-13).

〈표 6〉 상속 후 자경기간의 계산

상속개시일	구분	자경기간의 계산
2006.2.9. 이후	상속개시일로부터 3년 이내에 공익사업용 토지로 지정된 경우	피상속인의 자경기간 통산(2009.1.1. 이후 양도 분부터 적용)
	공익사업용 토지로 지정되지 않은 경우	상속 일부터 3년이 되는 날가지 양도하는 경우에만 피상속인의 자경기간 인정
2006.2.8. 이전	2008.12.31.까지 공익사업용 토지로 지정된 경우	피상속인의 자경기간 통산
	2009.1.1. 이후에 공익사업용 토지로 지정된 경우	• 상속일보부터 3년 내에 지정된 경우: 피상속인의 자경기간 통산(2009.1.1. 이후 양도 분부터 적용) • 상속일로부터 3년 이후에 지정된 경우: 피상속인의 자경기간 통산하지 않음
	공익사업용 토지로 지정되지 않은 경우	• 2008.12.31.까지 양도 시: 피상속인의 자경기간 통산 • 2009.1.1. 이후 양도 시: 상속일로부터 3년이 되는 날까지 양도하는 경우에만 피상속인의 자경기간 통산

④ 교환, 분합, 대토, 환지의 자경기간

교환으로 인하여 취득하는 농지에 대하여는 교환일 이후 경작한 기간으로 계산한다(조세특례제한법기본통칙 69-0…1 제3항). 그러나 농지를 교환·분합 및 대토한 경우로서 새로이 취득하는 농지가 「공익사업을 위한 토지 등의 취득 및 보상에 관한 법률」에 의한 협의매수·수용 및 그 밖의 법률에 의하여 수용되는 경우에 있어서는 교환·분합 및 대토 전의 농지에서 경작한 기간을 당해 농지에서 경작한 기간으로 본다(조세특례제한법 시행령 제66조 제6항).

즉 대토로 취득한 농지가 공익사업용 토지로서 수용되는 경우에는 대토 전의 농지에서 경작한 기간과 해당 농지에서 경작한 기간을 통산하여 감면 여부를 판단한다.

예를 들어 2002년 3월 농지를 취득하여 재촌 자경을 시작하고, 2008년 8월 농지를 양도하여 대토로 인한 감면을 받고, 2008년 10월 새로이 농지를 취득하여 재촌 자경을 시작하고 2010년 12월 수용된 경우에는 자경기간은 8년 7개월(6년 5개월 + 2년 2개월)이다(조세특례제한법 집행기준 69-66-19). 교환 등의 의미는 「소득세법」 제89조 제1항 제2호 및 법 제70조의 규정에 의한다(조세특례제한법 시행령 제66조 제6항).

환지된 농지의 자경기간 계산은 환지 전 자경기간도 합산하여 계산한다(조세특례제한법기본통칙 69-0…1).

⑤ 종중의 자경 사례

종중소유농지를 종중 원 중 일부가 농지소재지에 거주하면서 직접 농작물을 경작하거나 자기책임 하에 농사를 지은 경우에도 자경농지로 본다(조세특례제한법기본통칙 69-0…3 2항). 그러나 종중과의 약정에 따라 종중 구성원의 책임 하에 농지를 경작하고 경작에 따른 대가를 종중에

지불하는 것은 대리경작으로 보아 자경농지 감면을 받을 수 없다(조세특례제한법 집행기준 69-66-18).

종중 소유의 농지를 종중의 책임 아래 종중 구성원이 8년 이상 해당 농지의 소재지에서 거주하면서 경작한 사실이 있는 경우에는 8년 자경농지로 본다. 그러나 종중 구성원이 자신의 책임 아래 농지를 경작하고 종중과의 약정에 따라 경작에 따른 대가를 종중에 지불하는 경우에는 대리경작으로 보아 8년 자경농지에 해당하지 아니한다(부동산납세관리과-227, 2014.4.3.).

6) 감면의 배제

(1) 도시 주거지역 등의 농지

8년 이상 자경한 농지라도 양도일 현재 특별시, 광역시 또는 시에 있는 농지 중 「국토의 계획 및 이용에 관한 법률」에 의한 주거지역, 상업지역 및 공업지역 안에 있는 농지로서 이들 지역에 편입된 날부터 3년이 지난 농지는 감면되지 않는다(조세특례제한법 시행령 제66조 제4항 1호). 주거지역등에 편입된 날부터 3년이 지나지 아니한 농지의 경우, 주거지역 등에 편입된 날까지 발생한 소득에 대해서 동 감면규정을 적용받을 수 있다(부동산납세과-123, 2014.3.10.). 따라서 편입된 날부터 3년이 지나기 전에 매각하여야 한다.

이 경우 광역시에 있는 군, 「지방자치법」 제3조 제4항에 따라 설치된 도농 복합형태의 시의 읍·면 지역 및 「제주특별자치도 설치 및 국제자유도시 조성을 위한 특별법」 제15조 제2항에 따라 설치된 행정시의 읍·면 지역은 시 지역으로 보지 않는다(조세특례제한법 시행령 제66조 제4항 1호).

주거지역에 편입된 날이란 「국토의 계획 및 이용에 관한 법률」에 따라 도시 관리계획의 결정내용을 국토해양부장관이 관보에 고시한 날(시·도지사가 하는 경우에는 해당 시·도의 공보에 고시한 날)을 말한다(조세특례제한법 집행기준 69-66-25). 준도시지역 취락지구로 지정된 경우 주거지역으로 지정되었다고 볼 수 없다(조심2015중5088, 2015.12.30.).

농지가 도시지역에 편입된 경우로서 세부 용도지역(주거, 상업, 공업, 녹지지역)이 지정되지 아니한 때에는 녹지지역으로 지정된 것으로 본다(조세특례제한법 집행기준 69-66-26). 농지가 상속받은 날부터 3년이 되는 날까지 「친수구역 활용에 관한 특별법」에 따른 친수구역으로 지정되었으나 계속하여 경작을 하는 등 직접적인 행위제한을 받는 지역으로 지정되지 않는 경우에는 적용되지 않는다(사전법령재산-637, 2018.9.10.).

이렇게 감면을 배제하는 취지는 대도시 근교 주거지역의 대지 위에서 채소 등을 경작하는 경우에도 농지로 취급되어 감면되는 불합리한 점을 개선하고, 대지와 경제적 가치에서 큰 차이가 없는 도시지역 내의 농지를 감면 배제하여 농지에 대한 투기수요를 억제하기 위한 것이다(조세특례제한법 집행기준 69-66-21).

(2) 예외 규정

① 대규모 개발사업 보상지연 등

대규모개발사업 지역 안에서 대규모개발사업의 시행으로 인하여 「국토의 계획 및 이용에 관한 법률」에 따른 주거지역, 상업지역 또는 공업지역에 편입된 농지로서 사업시행자의 단계적 사업시행 또는 보상지연으로 이들 지역에 편입된 날부터 3년이 지난 경우는 시 지역에서 제외된다(조세특례제한법 시행령 제66조 제4항 1호 단서 가목).

대규모개발 사업은 사업시행지역 안의 토지소유자가 1천명 이상이거나 사업시행면적이 일정 규모 이상인 개발 사업을 말한다. 대규모개발사업 지역은 사업인정고시일이 같은 하나의 사업시행지역을 말한다(조세특례제한법 시행령 제66조 제4항 1호 단서 가목).

일정규모란 100만 제곱미터로 하되, 「택지개발촉진법」에 의한 택지개발사업 또는 「주택법」에 의한 대지조성사업의 경우에는 10만 제곱미터로 한다(조세특례제한법 시행규칙 제27조 제3항). 주거지역 편입 등으로 감면대상 농지에서 배제되는 농지는 개정과정에서 연도별 약간 다르다(조세특례제한법 집행기준 69-66-23, 69-66-24).

〈표 7〉 주거지역 편입 등으로 인한 농지의 감면범위

<table>
<tr><td colspan="4">2001.12.31. 이전에 주거지역 편입 등으로 감면대상 농지에서 배제되는 농지(A)
2002.1.1. 이후에 주거지역 편입 등으로 감면대상 농지에서 배제되는 농지(B)</td></tr>
<tr><td colspan="2" rowspan="2">지역구분</td><td colspan="2">편입 또는 지정된 날로부터</td></tr>
<tr><td>3년 이내 양도</td><td>3년이 경과 후 양도</td></tr>
<tr><td rowspan="4">주거지역 등에 편입된 농지</td><td>특별시, 광역시, 시 지역</td><td rowspan="5">A: 취득일부터 양도일까시 발생한 양도소득 금액에 대해서 감면
B: 취득일부터 주거지역 등의 편입일 또는 환지예정지 지정 일까지 발생한 양도소득에 대해서 감면</td><td>감면배제</td></tr>
<tr><td>광역시의 군 지역, 도농복합 시의 읍면 지역</td><td rowspan="3">감면</td></tr>
<tr><td>대규모 개발사업의 단계적 시행 및 보상 지연지역</td></tr>
<tr><td>기타 지역</td></tr>
<tr><td colspan="2">환지예정지로 지정 받은 토지</td><td>감면배제</td></tr>
</table>

② 개발사업의 시행

사업시행자가 국가, 지방자치단체, 기타 공공기관인 개발사업 지역 안에서 개발사업의 시행으로 인하여 「국토의 계획 및 이용에 관한 법률」에 따른 주거지역, 상업지역 또는 공업지역에 편입된 농지로서 부득이한 사유에 해당하는 경우이다(조세특례제한법 시행령 제66조 제4항 1호 단서 나목).

기타 공공기관이란 「공공기관의 운영에 관한 법률」에 따라 지정된 공공기관과 「지방공기업법」에 따라 설립된 지방 직영기업, 지방공사, 지방공단을 말한다(조세특례제한법 시행규칙 제27조 제4항).

부득이한 사유란 사업 또는 보상을 지연시키는 사유로서 그 책임이 사업시행자에게 있다고 인정되는 경우이다(조세특례제한법 시행규칙 제27조 제5항). 예를 들어 사업시행자의 단계적 사업시행 또는 예산부족에 기인하여 보상이 지연된 경우 3년이 경과하여 양도하게 된 것에 대한 책임이 없는 경우 감면을 받을 수 있다(조심2012서5030, 2013.6.27.).

부득이한 사유에 해당하는 경우, 주거지역에 편입된 날부터 3년이 지나 양도되더라도 양도소득세 감면 대상인 8년 이상 자경농지에 해당한다고 규정하고 있는 것이다.

그러나 추상적인 도시 관리계획 결정이 있었을 뿐 개발사업의 시행기간, 시행자 및 시행방식 등을 규정한 사업인정고시 또는 개발계획 수립고시가 없고, 사업시행자가 지방자치단체로 정해졌거나 개발 사업이 시행되지 않고 개발사업의 시행으로 인하여 주거지역에 편입된 것이 아닌 경우 감면대상이 아니다(조심2015중895, 2015.8.17.).

③ 주거지역 등 편입 후 대규모개발

「국토의 계획 및 이용에 관한 법률」에 따른 주거지역, 상업지역 및 공업지역에 편입된 농지로서 편입된 후 3년 이내에 대규모개발 사업이 시행되고, 대규모개발사업 시행자의 단계적 사업시행 또는 보상지연으로 이들 지역에 편입된 날부터 3년이 지난 경우이다(대규모개발사업 지역 안에 있는 경우로 한정한다.)(조세특례제한법 시행령 제66조 제4항 1호 단서 다목).

예를 들어 농지가 주거지역에 편입된 후 3년 이내에 「경제자유 구역의 지정 및 운영에 관한 특별법」에 따라 대규모 개발 사업이 시행되고 그 사업시행자의 단계적 사업시행 또는 보상지연으로 주거지역에 편입된 날부터 3년이 지난 경우에는 주거지역 편입 일까지 발생한 양도소득에 대하여 양도소득세가 감면되는 것이고 주거지역에 편입된 후 3년 이내 대규모 개발 사업이 시행되었는지 여부는 「경제자유 구역의 지정 및 운영에 관한 특별법」 제13조에 따른 사업인정 및 사업인정의 고시가 있는 때를 기준으로 판정한다(법규재산2013-256, 2013.11.12.).

그러나 농지가 「국토의 계획 및 이용에 관한 법률」에 의한 주거지역으로 편입되고 같은 법에 따라 도시계획시설로 결정되었으나 결정이 폐지된 경우 해당 농지를 주거지역 편입일로부터 3년이 경과하여 양도하는 경우에는 감면되지 않는다(사전법령재산-735, 2018.12.13.).

④ 환지예정지 지정

환지처분 이전에 농지 외의 토지로 환지예정지를 지정하는 경우에는 그 환지예정지 지정 일부터 3년이 지난 농지는 제외한다. 다만, 환지처분에 따라 교부받는 환지청산금에 해당하는 부분은 그렇지 않다(조세특례제한법 시행령 제66조 제4항 2호).

「도시개발법」 및 그 밖의 법률에 따라 환지처분 이전에 농지 외의 토지로 환지예정지를 지정하는 경우에 그 환지예정지 지정 일부터 3년이 경과하여 환지처분에 따라 교부받는 환지청산금에 해당하는 부분은 「조세특례제한법」 제69조 제1항 단서에서 정한 날까지 발생한 소득에 대하여 양도소득세액을 감면한다(부동산납세과-249, 2014.4.14.).

환지예정지 지정을 받은 날부터 3년 이내에 양도하는 농지의 경우 양도소득세의 감면요건을 충족하고 환지예정지 지정을 받은 날까지 발생한 소득에 대해서만 양도소득세의 100분의 100에 상당하는 세액을 감면한다(서면부동산-266, 2015.7.14.).

농지는 양도일 현재의 농지를 기준으로 한다고 정하고 있으며 예외적으로 '해당 농지가 농지 외의 토지로 환지예정지 지정이 되고 그 환지예정지 지정 일부터 3년이 경과하기 전의 토지'로서 '환지예정지 지정 후 토지조성공사의 시행으로 경작을 못하게 된 경우'에 토지조성공사 착수일 현재를 기준으로 농지 여부를 판정하도록 정하고 있다.

환지예정지 지정이 되지 아니한 상태에서 토지조성공사가 시행된 이후 양도되어 토지조성공사 착수일이 아닌 양도시점에 농지여부를 판단하여야 하고 양도 당시에는 농지로 보기 어렵고, 택지조성을 목적으로 시행된 토지조성공사로 인하여 경작이 중단된 것으로 일시적인 휴경상태로 볼 수 없어 양도일 현재 농지가 아님을 이유로 8년 이상 자경농지에 대한 양도소득세 감면 적용을 배제하여 양도소득세 및 납부불성실가산세를 과세하는 것은 정당하다(조심2015구5039, 2015.12.16.).

7) 감면의 신청과 세액의 추징

양도소득세를 감면 받으려면 당해 농지를 양도한 날이 속하는 과세연도의 과세표준 신고(예정신고를 포함한다.) 시에 세액감면신청서를 납세지관할세무서에게 제출하여 감면신청을 하여야 한다(조세특례제한법 제

69조 제3항, 조세특례제한법 시행령 제66조 제9항).

농지를 한국농어촌공사나 농업법인에 양도한 경우, 세액감면신청서를 접수한 당해 세무서장은 동 법인의 납세지관할세무서장에게 이를 즉시 통지하여야 한다(조세특례제한법 시행령 제66조 제10항).

자경농지에 대한 양도소득세 감면요건을 충족한 경우에는 확정 신고 및 예정 신고 시 감면신청을 하지 않은 경우에도 감면적용은 가능하다(조세특례제한법 집행기준 69-66-29).

한국농어촌공사 또는 농업을 주업으로 하는 법인이 해당 토지를 취득한 날부터 3년 이내에 그 토지를 양도하거나 기타 사유가 발생한 경우에는 그 법인이 그 사유가 발생한 과세연도의 과세표준 신고를 할 때 감면된 양도소득세가 법인세로 추징된다(조세특례제한법 제69조 제2항).

기타 사유에는 당해 토지를 취득한 날부터 3년 이내에 휴업·폐업하거나 해산하는 경우, 당해 토지를 3년 이상 경작하지 아니하고 다른 용도로 사용하는 경우이다(조세특례제한법 시행령 제66조 제8항).

2. 축사용 토지에 대한 양도세 감면

1) 양도세 감면의 개요

축사용지 거주자가 8년 이상 직접 축산에 사용한 축사용지(1명당 1,650제곱미터 약 500평 한도)를 폐업을 위하여 2022년 12월 31일까지 양도함에 따라 발생하는 소득에 대하여는 양도소득세를 전액 감면한다(조세특례제한법 제69조의 2 제1항).

감면하는 세액은 양도한 토지의 산출세액 중 감면대상인 축산용지가 전체 양도토지에서 차지하는 면적의 비율 만큼이다(조세특례제한법시행령 제66조의 2 제9항).

그러나 해당 토지가 「국토의 계획 및 이용에 관한 법률」에 따른 주거지역, 상업지역 및 공업지역에 편입되거나 「도시개발 법」 또는 그 밖의 법률에 따라 환지처분 전에 해당 축사용지 외의 토지로 환지예정지 지정을 받은 경우에는 주거지역, 상업지역 및 공업지역에 편입되거나, 환지예정지 지정을 받은 날까지 발생한 소득에 대해서만 양도소득세를 감면한다(조세특례제한법 제69조의 2 제1항 단서).

이 경우 감면 소득은 다음에 따라 계산한다. 이 경우 「공익사업을 위한 토지 등의 취득 및 보상에 관한 법률」 및 그 밖의 법률에 따라 협의매수 되거나 수용되는 경우에는 보상가액 산정의 기초가 되는 기준시가를 양도 당시의 기준시가로 보며, 새로운 기준시가가 고시되기 전에 취득하거나 양도한 경우 또는 주거지역등에 편입되거나 환지예정지 지정을 받은 날이 도래하는 경우에는 직전의 기준시가를 적용한다(조세특례제한법시행령 제66조의 2 제10항).

기준시가는 보상액 산정 당시 해당 토지의 개별공시지가로 한다(조세특례제한법시행규칙 제27의 2 제8항).

$$\text{양도소득} \times \frac{\text{주거지역 등 편입, 환지예정지 지정일 기준시가} - \text{취득 시 기준시가}}{\text{양도 시 기준시가} - \text{취득 시 기준시가}}$$

2) 축산용지 양도세 감면요건

(1) 축산용지 거주자

축산용지 거주자만 양도소득세가 감면된다. 축산용지 거주자란 8년 이상 축사용지(축산 개시 당시에는 그 지역에 해당하였으나 행정구역의 개편 등으로 이에 해당하지 아니하게 된 지역을 포함)에 거주한 자로서 축사용지 양도일 현재「소득세법」제1조의 2 제1항 제1호에 따른 거주자인 자(비거주자가 된 날부터 2년 이내인 자를 포함)를 말한다(조세특례제한법시행령 제66조의 2 제1항).

축사용지 거주자에는 축사용지가 소재하는 시(특별자치 시와「제주특별자치도 설치 및 국제자유도시 조성을 위한 특별법」에 따른 행정시를 포함), 군, 자치구인 구 안의 지역뿐만 아니라, 동 지역과 연접한 시, 군, 자치구인 구 안의 지역 및 해당 축사용지로부터 직선거리로 30킬로미터 이내의 지역을 포함한다(조세특례제한법시행령 제66조의 2 제1항).

(2) 양도일 현재 축사용지

축사용지는「소득세법 시행령」제162조에 따른 양도일 현재 축사용이어야 한다.

다만, 양도일 이전에 매매계약조건에 따라 매수자가 형질변경, 건축착공 등을 한 경우에는 매매계약일 현재의 축사용지를 기준으로 한다. 환지처분 전에 해당 축사용지가 축사용지 외의 토지로 환지예정지 지정이 되고 그 환지예정지 지정 일부터 3년이 경과하기 전의 토지로서 환지예정지 지정 후 토지조성공사의 시행으로 축산을 하지 못하게 된 경우에는 토지조성공사 착수일 현재의 축사용지를 기준으로 한다(조세특례제한법시행령 제66조의 2 제4항).

축사용지 소재지에 재촌 하면서 8년 이상 직접 축산에 사용한 축사용지를 사실상 축산을 중단하고 3년이 경과한 후 양도하는 경우로서 양도일 현재 축사용지에 해당하지 않는 경우에는 감면을 적용할 수 없다(사전법령재산-192, 2018.6.11.).

(3) 직접 축산에 사용

직접 축산에 사용한 축사용지이어야 한다. 직접 축산에 사용한 것이란 거주자가 그 소유 축사용지에서 「축산법」 제2조 제1호에 따른 가축의 사육에 상시 종사하는 것 또는 거주자가 그 소유 축사용지에서 축산작업의 2분의 1 이상을 자기의 노동력에 의하여 수행하는 것을 말한다(조세특례제한법시행령 제66조의 2 제2항).

그 기간 중 해당 거주자의 사업소득금액(농업·임업에서 발생하는 소득과 부동산임대업에서 발생하는 소득과 같은 농가부업소득은 제외)(이 경우 사업소득금액이 음수인 경우에는 해당 금액을 0으로 봄)과 근로소득 총급여액의 합계액이 3천 700만 원 이상인 과세기간이 있는 경우 그 기간은 제외한다.

또한 일정금액 이상의 사업 매출이 있는 기간도 제외된다. 제조업, 숙박, 음식점, 전기·가스·증기 및 공기조절 공급사업, 수도·하수·폐기물처리·원료재생업, 건설업(비주거용 건물 건설업은 제외), 부동산 개발 및 공급사업(주거용 건물 개발 및 공급 업에 한정), 운수업 및 창고업, 정보통신업, 금융 및 보험업, 상품중개업은 1억5천만 원, 부동산임대업, 부동산업(부동산매매업은 제외), 전문·과학 및 기술서비스업, 사업시설관리·사업지원 및 임대서비스업, 교육서비스, 보건 업 및 사회복지서비스업, 예술·스포츠 및 여가 관련 서비스업, 협회 및 단체, 수리 및 기타 개인서비스업, 가구 내 고용활동은 7천500만 원, 농업·임업 및 어업, 광업, 도매 및 소매업(상품중개업을 제외), 부동산매매업, 기타 사업은 3억 원 이상의 매출이 있는 경우도 제외된다(조세특례제한법시행령 제66조의 2 제13항에 의한 제66조 제14항 준용).

(4) 8년 이상 축산에 사용한 축사용지

① 개요

양도소득세가 감면되는 축사용지는 해당 토지를 취득한 때부터 양도할 때까지의 사이에 8년 이상 자기가 직접 축산에 사용한 축사용지이어야 한다(조세특례제한법시행령 제66조의 2 제3항).

축산용지 등이란 축산에 사용하는 축사와 이에 딸린 토지(이하 "축사용지"라 한다.)이다(조세특례제한법시행령 제66조의 2 제1항). 축사란 실제 가축의 사육에 사용되는 축사를 말하며, 축사의 범위에는 가축의 사육에 사용되는 축사의 부속시설도 포함한다(서면법규과-551, 2014.5.30.).

축사용지는 지적공부상의 지목에 관계없이 실지로 가축의 사육에 사용한 축사와 이에 딸린 토지를 말한다(조세특례제한법시행규칙 제27의 2 제1항). 축산에 사용하는 축사와 이에 딸린 축사용지 소재지에 거주하는 거주자가 토지를 취득한 때부터 양도할 때까지의 사이에 8년 이상 자기가 직접 축산에 사용한 축사용지 중 축사만을 폐업을 위하여 양도하는 경우에도 양도소득세 감면대상에 해당된다.

가축을 위탁받아 사육한 경우에도 양도소득세 감면을 적용할 수 있는 것이나 직접축산에 사용하였는지는 사실판단 할 사항이다(서면법령재산-472, 2019.10.18.).

② 수용되는 경우 사용기간의 계산

축사에 사용한 기간을 계산할 때 축사용지를 교환, 분합 및 대토한 경우로서 새로이 취득하는 축사용지가 「공익사업을 위한 토지 등의 취득 및 보상에 관한 법률」 및 그 밖의 법률에 따라 협의매수 되거나 수용되는 경우에는 교환·분합 및 대토 전의 축사용지를 축산에 사용한 기간을 포함하여 계산한다(조세특례제한법시행령 제66조의 2 제5항).

③ 상속받은 경우 사용기간의 계산

축산에 사용한 기간을 계산할 때 상속인이 상속받은 축사용지를 1년 이상 계속하여 축산에 사용하는 경우에는 직접 피상속인이 취득하여 축산에 사용한 기간(직전 피상속인이 축산에 사용한 기간에 한정한다)과 피상속인이 그 배우자로부터 상속받은 축사용지를 축산에 사용한 사실이 있는 경우에는 피상속인의 배우자가 취득한 축사용지를 축산에 사용한 기간은 상속인이 축산에 사용한 기간으로 본다(조세특례제한법시행령 제66조의 2 제6항).

이때 상속인이 축산에 사용하는 경우란 축산에 사용하는 축사와 이에 딸린 토지(이하 "축사용지"라 한다.)가 소재하는 시(특별자치 시와 「제주특별자치도 설치 및 국제자유도시 조성을 위한 특별법」에 따른 행정시를 포함)·군·자치구인 구 안의 지역, 동 지역과 연접한 시·군·자치구인 구 안의 지역 및 해당 축사용지로부터 직선거리로 30킬로미터 이내의 지역에 거주하면서 축산에 사용하는 것을 말한다(조세특례제한법시행령 제66조의 2 제6항에 의한 제1항 인용).

상속인이 상속받은 축사용지를 1년 이상 계속하여 축산에 사용하지 아니하더라도 상속받은 날부터 3년이 되는 날까지 양도하거나 「공익사업을 위한 토지 등의 취득 및 보상에 관한 법률」 및 그 밖의 법률에 따라 협의매수 또는 수용되는 경우로서 상속받은 날부터 3년이 되는 날까지 택지개발지구 등으로 지정(관계 행정기관의 장이 관보 또는 공보에 고시한 날을 말한다.)되는 경우(상속받은 날 전에 지정된 경우를 포함한다.)에는 직접 피상속인이 취득하여 축산에 사용한 기간과 피상속인이 그 배우자로부터 상속받은 축사용지를 축산에 사용한 사실이 있는 경우에는 피상속인의 배우자가 취득한 축사용지를 축산에 사용한 기간은 상속인이 축산에 사용한 기간을 상속인이 축산에 사용한 기간으로 본다(조세특례제한법시행령 제66조의 2 제7항).

택지개발지구 등이란 「택지개발촉진법」 제3조에 따라 지정된 택지개발지구, 「산업입지 및 개발에 관한 법률」 제6조 · 제7조 · 제7조의 2 또는 제8조에 따라 지정된 산업단지, 「보금자리주택건설 등에 관한 특별법」 제6조에 따라 지정된 보금자리주택지구, 「도시 및 주거환경정비법」 제4조에 따라 지정된 정비구역, 「신항만건설촉진법」 제5조에 따라 지정된 신항만건설예정지역, 「도시개발법」 제9조에 따라 지정된 도시개발구역, 「철도건설법」 제9조에 따라 철도건설사업실시계획 승인을 받은 지역, 기타 유사한 경우로서 다른 법률에 따라 예정지구 또는 실시계획 승인을 받은 지역 해당 공익사업으로 인해 해당 주민이 직접적인 행위제한(건축물의 건축, 토지의 형질변경·분할 등)을 받는 지역을 말한다(조세특례제한법시행령 제66조의 2 제7항, 조세특례제한법시행규칙 제27의 2 제6항).

(5) 폐업요건

폐업은 축산을 사실상 중단하는 것으로서 해당 축사용지 소재지의 시장(「제주특별자치도 설치 및 국제자유도시 조성을 위한 특별법」에 따른 행정시장을 포함), 군수, 자치구의 구청장으로부터 '축산기간 및 폐업 확인서'에 폐업임을 확인받은 경우를 말한다(조세특례제한법시행령 제66조의 2 제8항).

폐업 여부는 「전자정부법」 제36조 제1항에 따른 행정정보의 공동이용을 통한 등기부 등본 또는 토지대장 등본의 확인과 동시에 시장·군수·구청장이 발급하는 축산기간 및 폐업 확인서 모두의 방법에 의하여 확인되어야 한다(조세특례제한법시행규칙 제27의 2 제7항).

거주자가 축사용지 소재지의 시장·군수·구청장으로부터 '축산기간 및 폐업 확인서'에 폐업임을 확인받지 못하였으나 거주자가 다른 사람에게 매각하여 축산을 사실상 중단한 것이「축산법」제24조에 따른 영업자 지위승계 신고대장 등 기타증빙서류에 의해 확인되는 경우에는 폐업을 위해 축사용지를 양도한 것으로 보아 감면을 받을 수 있다(재산세제과-262, 2020.3.13.).

축사용지의 일부만 양도하고 일부에서 계속 축산업을 하는 경우에는 적용받을 수 없다(참고 해석사례: 부동산거래관리과-1048, 2011.12.16.)(부동산납세과-184, 2013.12.4.).

「축산법 시행령」제13조에 따른 축산업 등록대상이 아닌 가축인 메추리를 사육하여 해당 축사용지 소재지의 시장, 군수, 구청장으로부터 축산기간 및 폐업 확인서를 발급받지 못하는 경우라도 8년 이상 축사용지 소재지에 거주하면서 직접 가축의 사육에 종사한 사실과 축산업의 폐업 사실이 모두 인정되는 경우에는 감면을 적용받을 수 있다(부동산거래관리과-348, 2012.7.5.).

3) 감면에서 제외되는 경우

첫째, 양도일 현재 특별시, 광역시(광역시에 있는 군은 제외) 또는 시(「지방자치법」제3조 제4항에 따라 설치된 도농 복합형태의 시의 읍·면 지역 및「제주특별자치도 설치 및 국제자유도시 조성을 위한 특별법」제10조 제2항에 따라 설치된 행정시의 읍·면 지역은 제외)에 있는 축사용지 중「국토의 계획 및 이용에 관한 법률」에 따른 주거지역, 상업지역 및 공업지역 안에 있는 축사용지로서 이들 지역에 편입된 날부터 3년이 지난 축사용지는 제외한다(조세특례제한법시행령 제66조의 2 제3항 제1호). 그러나 여기에도 예외가 있다.

하나는 사업시행지역 안의 토지소유자가 1천명 이상이거나 사업시행면적이 100만 제곱미터(「택지개발촉진법」에 따른 택지개발사업 또는 「주택법」에 따른 대지조성사업의 경우에는 10만 제곱미터) 이상인 대규모개발사업 지역(사업인정고시일이 같은 하나의 사업시행지역을 말한다.) 안에서 대규모개발사업의 시행으로 인하여 「국토의 계획 및 이용에 관한 법률」에 따른 주거지역·상업지역 또는 공업지역에 편입된 축사용지로서 사업시행자의 단계적 사업시행 또는 보상지연으로 이들 지역에 편입된 날부터 3년이 지난 경우이다(조세특례제한법시행령 제66조의 2 제3항 제1호 가목, 조세특례제한법시행규칙 제27의 2 제3항).

다른 하나는 사업시행자가 국가, 지방자치단체, 「공공기관의 운영에 관한 법률」에 따라 지정된 공공기관과 「지방공기업법」에 따라 설립된 지방 직영기업·지방공사·지방공단이 개발사업 지역 안에서 개발사업의 시행으로 인하여 「국토의 계획 및 이용에 관한 법률」에 따른 주거지역·상업지역 또는 공업지역에 편입된 축사용지로서 사업 또는 보상을 지연시키는 사유로서 그 책임이 사업시행자에게 있다고 인정되는 사유에 해당하는 경우이다(조세특례제한법시행령 제66조의 2 제3항 제1호 나목, 조세특례제한법시행규칙 제27의 2 제4항, 제5항).

또 하나는 「국토의 계획 및 이용에 관한 법률」에 따른 주거지역·상업지역 및 공업지역에 편입된 축사용지로서 편입된 후 3년 이내에 대규모개발 사업이 시행되고, 대규모개발사업 시행자의 단계적 사업시행 또는 보상지연으로 이들 지역에 편입된 날부터 3년이 지난 경우(대규모개발사업지역 안에 있는 경우로 한정한다.)이다(조세특례제한법시행령 제66조의 2 제3항 제1호 다목).

둘째, 「도시개발 법」 또는 그 밖의 법률에 따라 환지처분 이전에 축사용지 외의 토지로 환지 예정지를 지정하는 경우에는 그 환지 예정지 지정 일부터 3년이 지난 축사용지는 감면대상에서 제외된다. 다만, 환지처분에 따라 교부받는 환지 청산금에 해당하는 부분은 제외한다(조세특례제한법시행령 제66조의 2 제3항 제2호).

4) 감면신청과 세액추징

(1) 감면의 신청

동 감면을 받으려는 자는 감면신청을 하여야 한다. 이에 따라 양도소득세 감면신청을 하려는 사람은 해당 축사용지를 양도한 날이 속하는 과세기간의 과세표준 신고(예정신고를 포함)와 함께 세액감면신청서 및 축산 기간 및 폐업 확인서(「축산법」 제22조 제3항에 따른 가축사육 업으로서 축산기간 및 폐업 확인을 할 수 없는 경우에는 축산기간 및 폐업 여부를 확인할 수 있는 서류)를 납세지 관할세무서장에게 제출하여야 한다(조세특례제한법 제69조의 2 제3항, 조세특례제한법시행령 제66조의 2 제12항).

축사용지의 확인은 다음 방법에 의한다. 양도자가 8년 이상 소유한 축사용지임이 「전자정부법」 제36조 제1항에 따른 행정정보의 공동이용을 통한 등기부 등본 또는 토지대장 등본의 확인에 의하거나 이 방법으로 확인할 수 없는 경우에는 그 밖의 증빙자료의 확인에 의한다(조세특례제한법시행규칙 제27의 2 제2항 제1목).

양도자가 8년 이상 축사용지 소재지에 거주하면서 직접 가축의 사육에 종사한 사실이 있고 양도일 현재 축사용지임이 「전자정부법」 제36조 제1항에 따른 행정정보의 공동이용을 통한 주민등록표 등본의 확인(다만, 신청인이 확인에 동의하지 아니하는 경우에는 그 서류를 제출하게 하여야 한다.)과 동시에 축산기간 및 폐업 확인서의 확인에 의한다(조세특례제한법시행규칙 제27의 2 제2항 제2목).

(2) 세액의 추징

동 양도소득세를 감면받은 거주자가 해당 축사용지 양도 후 5년 이내에 축산업을 다시 하는 경우에는 감면받은 세액을 추징한다(조세특례제한법 제69조의 2 제2항).

다만 축산용지에 대한 양도소득세 감면을 받은 사람이 그 이후에 상속으로 인하여 축산업을 영위하게 되는 경우는 제외한다(조세특례제한법시행령 제66조의 2 제11항).

3. 농지대토에 대한 양도소득세 감면

1) 농지대토 양도세 감면의 개요

농지 소재지에 거주하는 거주자가 직접 경작한 토지를 경작상의 필요에 의하여 대토함으로써 발생하는 소득에 대해서는 양도소득세 전액을 감면한다(조세특례제한법 제70조 제1항). 또한 양도소득 분 개인지방소득세도 면제한다(지방세특례제한법 제131조 제1항).

농지대토에 대한 감면제도는 농지를 직접 경작하던 농민이 경작 상 필요에 의하여 구 농지를 양도하고 신 농지를 취득할 경우 조세부담을 덜어주어 농업에 계속 종사하도록 함으로써 정책적으로 농업발전을 도모하기 위한 것이다(헌재2014헌바262, 2015.5.28.).

2) 양도소득세 감면대상 농지

(1) 농지의 범위

농지는 전·답으로서 지적공부상의 지목에 관계없이 실지로 경작에 사용되는 토지로 하며, 농지경영에 직접 필요한 농막, 퇴비사, 양수장, 지소, 농도, 수로 등을 포함한다(조세특례제한법시행규칙 제27조 제1항). 따라서 농지라도 주거용 등으로 사용한 부분은 제외하고 감면을 적용한다(조심2011중280, 2011.3.22.).

묘목(관상수 포함)을 판매할 목적으로 재배하여 재배소득이 발생하는 토지는 양도세 감면대상 농지에 해당하나, 관상목적 또는 상품전시, 판매목적으로 식재된 토지는 농지세 과세대상이 아니므로 감면대상 농지에 해당하지 않는다(서면인터넷방문상담5팀-248, 2008.2.4. 같은 뜻).

묘목을 심더라도 상품전시, 판매목적으로 식재하여 이용된 토지는 감면대상이 아닌 것이다(심사양도2012-32, 2012.4.30.). 「산지관리법」 제15조에 따라 산지전용신고를 하고 장뇌삼을 재배하는 임야는 적용되지 않는다(법규과-1339, 2011.10.12.)(부동산거래관리과-868, 2011.10.13.).

농지는 농지에 해당하는지 확인되어야 한다. 확인방식은 두 가지가 있다(조세특례제한법시행규칙 제27조 제2항).

첫째, 방식은 양도자가 8년 이상 소유한 사실이 「전자정부 법」 제36조 제1항에 따른 행정정보의 공동이용을 통한 등기부등본 또는 토지대장등본으로 확인되는 토지이어야 한다.

이에 의하여 확인할 수 없는 경우에는 그 밖의 증빙자료에 의하여 확인되어야 한다(조세특례제한법시행규칙 제27조 제2항 1호). 다만 「한국농어촌공사 및 농지관리기금법」에 따른 한국농어촌공사, 「농어업경영 체 육성 및 지원에 관한 법률」에 따른 영농조합법인 및 농업회사 법인에게 양도하는 경우에는 3년, 4년 이상 경작한 종전의 농지를 양도하는 경우에는 4년 이상 소유한 사실이 확인되면 된다(조세특례제한법시행규칙 제27조 제2항 1호).

이 경우 법 제70조의 2 제1항의 경영회생 지원을 위한 농지 매매 등에 대한 양도소득세 과세특례에 따라 양도소득세를 환급받은 농업인이 환매한 농지 등을 다시 양도하는 경우로서 8년 이상 자경 농지에 해당하는지를 확인하는 경우 「한국농어촌공사 및 농지관리기금법」 제24조의 3 제3항에 따른 임차기간 내에 경작한 기간은 해당 농업인이 해당 농지 등을 소유한 것으로 본다(조세특례제한법시행규칙 제27조 제2항 1호).

둘째, 방식은 양도자가 8년 이상 농지소재지에 거주하면서 자기가 경작한 사실이 있고 양도일 현재 농지임이 「전자정부 법」 제36조 제1항에 따른 행정정보의 공동이용을 통한 주민등록표초등본의 확인(다만, 신청인이 확인에 동의하지 아니한 경우에는 그 서류를 제출하게 하여야 한다.) 및 시·구·읍·면장이 교부 또는 발급하는 농지원부원본과 자경증명의 확인을 받은 토지이어야 한다(조세특례제한법시행규칙 제27조 제2항 2호).

다만 「한국농어촌공사 및 농지관리기금법」에 따른 한국농어촌공사, 「농어업경영 체 육성 및 지원에 관한 법률」에 따른 영농조합법인 및 농업회사 법인에게 양도하는 경우에는 3년, 4년 이상 경작한 종전의 농지를 양도하는 경우에는 4년 이상 소유한 사실이 확인되면 된다(조세특례제한법시행규칙 제27조 제2항 2호).

(2) 필지별 적용

농지대토의 감면요건(대토기간·면적·가액 등)은 필지별로 적용하는 것으로 1필지의 토지를 관념상 또는 임의 구분하여 농지로 사용되는 일부

면적에 대하여만 적용할 수는 없는 것이나, 용도가 객관적으로 구분되는 경우에는 농지로 사용되는 면적에 대하여는 당해 감면을 적용할 수 있다(부동산거래관리과-1411, 2010.11.25.).

그러나 토지 전체의 주된 용도가 임야임이 분명한 토지의 일부분에 농작물을 경작한 것은, 주된 용도에 지장이 없는 범위에서의 잠정적인 토지의 이용에 불과한 것일 뿐, 이 경작 부분만을 특정하여 이른바 자경농지에 해당한다고 볼 수는 없다(대법원 1995.11.14. 선고, 95누9709 판결)(서울고법2011누575, 2012.3.28.).

농지대토의 비과세 요건은 필지별로 적용하는 것으로 1필지의 토지를 관념상 또는 임의 구분하여 농지로 사용되는 일부면적에 대하여만 적용할 수 없다(재산세과-51, 2009.8.28.).

여러 필지의 농지를 양도한 후 그 중 일부 필지에 대해서만 대토농지를 취득한 경우에도 필지별로 대토요건을 판단하는 것이기 때문에 해당 필지가 대토요건을 갖춘 경우에는 감면규정을 적용할 수 있다(조세특례제한법집행기준 70-67-9).

그리고 농지대토에 대한 양도소득세 감면 규정 적용 시 2필지 이상의 농지를 양도한 경우 농지대토 감면 대상 농지는 납세자가 선택 적용할 수 있다(부동산거래관리과-43, 2012.1.17.).

새로 취득한 농지 중 일부 면적이 감면요건을 충족한 경우 종전농지 한 필지에 대하여는 농지대토 감면요건을 충족한 것으로 보아야 한다(심사양도2010-196, 2010.10.12.).

3) 양도소득세 감면대상 취득과 양도

(1)취득의 범위

취득은 당연히 자신의 이름으로 등기하는 것을 말한다. 그러나 판례는 예외도 인정하고 있다. 대토농지의 취득이라 함은 해당 농지에 대한 등기 여부와 관계없이 매매 등을 통하여 그 농지의 사용, 수익, 처분권 일체를 사실상 이전받는 것을 의미한다. 대체농지를 취득하여 타인에게 소유명의를 신탁하였다 하더라도 직접 대체농지를 취득한 것으로 보아야 한다(대법원2013두7551, 2013.7.26.).

새로운 농지를 증여받은 경우에는 감면규정이 적용되지 아니하는 것이나, 새로운 농지를 매매, 경매 등으로 취득한 경우에는 감면규정이 적용된다(재산세과-389, 2009.2.3.).

배우자로부터 취득하는 경우에는 판례는 부정적이다. 부부 일방이 상대방으로부터 농지를 취득한 경우 증여로 추정되는 농지 소유명의의 변경이 있었을 뿐 농가 전체로 보아서는 새로운 농지를 취득하였다고 볼 수 없으므로 경작상의 필요에 의하여 대토농지를 취득하였다고 볼 수 없다(대법원2012두27343, 2013.3.14.).

(2) 취득 후 양도의 경우

4년 이상 종전의 농지소재지에 거주하면서 경작한 자가 새로운 농지의 취득일부터 1년 내에 종전의 농지를 양도한 후 종전의 농지 양도일부터 1년 내에 새로운 농지소재지에 거주하면서 경작을 개시하여야 한다(조세감면규제법시행령 제67조 제3항 2호, 지방세특례제한법시행령 제84조 제1항).

(3) 양도 후 취득의 경우

4년 이상 종전의 농지소재지에 거주하면서 경작한 자가 종전의 농지의 양도일부터 1년 내에 새로운 농지를 취득(상속·증여받은 경우는 제외)하여, 그 취득한 날부터 1년 내에 새로운 농지소재지에 거주하면서 경작을 개시하여야 한다(조세특례제한법시행령 제67조 제3항 1호, 지방세특례제한법시행령 제84조 제1항).

「공익사업을 위한 토지 등의 취득 및 보상에 관한 법률」에 따른 협의매수, 수용 및 그 밖의 법률에 따라 수용되는 경우에는 농지의 양도일로부터 2년 내에 새로운 농지를 취득하면 된다(조세특례제한법시행령 제67조 제3항 1호, 지방세특례제한법시행령 제84조 제1항).

종전농지 양도일부터 1년이 되는 기간의 말일이 휴무토요일인 경우 그 말일에는 등록세 수납업무나 등기접수업무가 행하여지지 아니하고 있으므로 그 다음 월요일에 농지에 관한 소유권이전등기가 접수되었다면 종전농지를 양도한 날부터 1년 이내에 쟁점농지를 취득한 것으로 보는 것이 경험칙 상 타당하다(대법원 2011.6.24. 선고 2010두2081 판결 참조)(조심2011중1228, 2011.7.29.).

농지를 대토하는 경우 새로 취득한 토지가 농지가 아니더라도 1년 이내에 농지의 개간이 완료되어 경작할 수 있는 상태가 된 후 농지소재지에 거주하면서 경작한 경우 양도소득세가 감면되는 농지의 대토로 본다(조세특례제한법집행기준 70-67-6).

(4) 취득 후 계약 해제한 경우

대토농지를 취득하였다가 매매계약을 해제 한 경우에도 대토농지를 취득한 것으로 보는 규정이 없는 이상 이를 확장해석 또는 유추해석 하여 이러한 경우에도 다른 대토농지의 취득한 것으로 해석할 수는 없다. 대토농지 취득계약이 해제된 이상, 대토농지 취득계약의 해제가 매도인의 사기에 의한 것이라고 하여도, 대토농지를 처음부터 취득하지 않은 것이 되는 것이어서, 양도세감면대상이 되지 않는 것으로 보아야 한다. 또 대토농지 취득계약이 해제된 후 기한 이내에 새로운 대토농지로 매수하였다고 하여도, 양도세감면대상이 되는 경우에 해당한다고 볼 수는 없다(부산지법2011구합3310, 2011.10.6.).

대법원도 같은 판결을 했다. 대토농지를 취득하였다가 상대방의 귀책사유로 매매계약이 해제된 경우라고 할지라도 관계법령이 정한 감면요건을 충족하지 아니한 이상 양도소득세 감면대상이 될 수 없다(대법원 2012두2795, 2012.5.12.).

(5) 취득농지의 규모

새로 취득하는 농지의 면적이 양도하는 농지의 면적의 3분의 2 이상이거나(조세특례제한법시행령 제67조 제3항 1호, 2호 가목, 지방세특례제한법시행령 제84조 제1항) 새로 취득하는 농지의 가액이 양도하는 농지의 가액의 2분의 1 이상이어야 한다(조세특례제한법시행령 제67조 제3항 1호, 2호 나목, 지방세특례제한법시행령 제84조 제1항).

새로이 취득하는 농지의 면적은 종전의 농지의 양도일부터 1년 내에 취득한 농지와 종전의 농지의 양도일 전 1년 내에 취득한 농지의 면적을 합하여 판단한다(부동산거래관리과-132, 2012.3.5.).

농지대토로 취득하는 농지가 공유인 경우에도 새로 취득하는 본인 소유농지의 면적이 양도하는 농지면적의 2분의 1이상이거나, 새로 취득하는 본인 소유농지의 가액이 양도하는 농지가액의 3분의 2이상인 경우에는 감면규정이 적용된다(조세특례제한법집행기준 70-67-8).

농지대토로 감면을 적용받은 후 새로 취득한 농지의 일부를 3년 이상 직접 경작하기 전에 일부 분할양도하거나, 분할 임대한 경우로서 잔존하는 농지의 면적이 농지대토의 면적기준을 충족하는 경우에도 농지대토로 인한 감면규정을 적용할 수 있다(조세특례제한법집행기준 70-67-10).

(6) 부득이한 사유

질병의 요양 등 부득이한 사유로 경작하지 못하는 경우에는 2년 내에 취득(조세특례제한법시행령 제67조 제3항 1호, 지방세특례제한법시행령 제84조 제1항) 또는 양도하여야 한다(조세특례제한법시행령 제67조 제3항 2호, 지방세특례제한법시행령 제84조 제1항)(조세특례제한법시행규칙 제28조 제2항).

부득이한 사유란 1년 이상의 치료나 요양을 필요로 하는 질병의 치료 또는 요양을 위한 경우, 「농지법 시행령」 제3조의 2에 따른 농지개량을 하기 위하여 휴경하는 경우, 자연재해로 인하여 영농이 불가능하게 되어 휴경하는 경우를 말한다(조세특례제한법시행규칙 제28조 제1항).

배우자 건강이 나빠 매일 병원에 데리고 다녀야 해서 경작할 수가 없었던 경우는 부득이한 사유에 대한 예외 규정을 두고 있지 아니하고 있다(조심2014전2609, 2014.6.30.).

그러나 대토 토지를 취득하자마자 얼마 있다가 교통사고를 당해 1년의 절반 이상을 국내외에서 치료를 받은 경우 자신의 의사와는 무관하게 농작물의 경작 등을 계속하지 못한 불가피한 사정이 있는 것으로 볼 수 있으므로, 치료가 사실상 종료된 이후부터 3년 간 계속하여 대토 토지를 경작하였는지 여부에 따라 감면여부를 판단하는 것은 별 론으로 하더라도, 아직 치료기간 중에 농지대토에 따른 양도소득세 감면 요건을 갖추지 못한 것으로 단정하여, 대토농지에 대한 양도소득세 감면을 부인하고 이 건 양도소득세를 부과한 처분은 잘못이 있다(조심2012중1521, 2012.12.4.).

농경지 리모델링 사업의 시행으로 경작을 하지 아니한 기간은 자경기간에 포함되지 아니하여 자경요건을 충족하지 못한 경우 감면규정을 적용받을 수 없다(부동산납세과-500, 2014.7.15., 조심2014광70, 2014.2.25.).

4) 감면대상 농민: 농지거주 8년 직접 경작

(1) 농지 거주자

4년 이상 '농지 소재지'에 거주한 자로서 대토 전의 농지 양도일 현재 거주자인 자를 말한다(조세특례제한법시행령 제67조 제1항). 개인지방소득세도 같다(지방세특례제한법시행령 제84조 제1항).

'농지소재지'는 세 가지가 있다. 우선 경작을 개시할 당시에는 당해 지역에 해당하였으나 행정구역의 개편 등으로 이에 해당하지 아니하게 된 지역을 포함한다(조세특례제한법시행령 제67조 제1항).

첫째는 농지가 소재하는 시, 군, 자치구 안의 지역이다(조세특례제한법시행령 제67조 제1항 1호).

둘째는 동 지역과 연접한 시, 군, 자치구 안의 지역이다(조세특례제한법시행령 제67조 제1항 2호).

셋째는 해당 농지로부터 직선거리 30킬로미터 이내의 지역이다(조세특례제한법시행령 제67조 제1항 3호).

시에는 특별자치 시와 「제주특별자치도 설치 및 국제자유도시 조성을 위한 특별법」 제15조 제2항에 따라 설치된 행정시를 포함한다(조세특례제한법시행령 제67조 제1항).

새로운 농지를 취득한 후 4년 이내에 「공익사업을 위한 토지 등의 취득 및 보상에 관한 법률」에 따른 협의매수, 수용 및 그 밖의 법률에 따라 수용되는 경우에는 4년 동안 농지소재지에 거주하면서 경작한 것으로 본다(조세특례제한법시행령 제67조 제4항, 지방세특례제한법시행령 제84조 제1항).

(2) 거주자의 의미와 범위

거주자란 「소득세법」 제1조의 2 제1항 제1호에 따른 거주자를 말하고, 비거주자가 된 날부터 2년이 안 된 사람을 포함한다(조세특례제한법시행령 제67조 제1항). 거주자란 쉽게 말하면 국내에서 거주하는 우리나라 사람 또는 외국인을 말한다.

종중이 영농하던 소유 농지를 경작 상 필요에 의해 다른 농지로 대토하는 경우에도 「소득세법」 상 요건을 갖춘 경우에는 양도소득세가 비과세 된다(재일22633-2962, 1992.11.25.).

(3) 8년 경작

새로운 농지의 경작을 개시한 후 새로운 농지소재지에 거주하면서 계속하여 경작한 기간과 종전의 농지 경작기간을 합산한 기간이 8년 이상이어야 한다(조세특례제한법시행령 제67조 제3항 1호, 2호 단서, 지방세특례제한법시행령 제84조 제1항).

계속하여 경작한 경우를 말하는 것이므로 8년 이내에 일시 휴경한 경우에는 비과세를 적용받을 수 없다(국세청 예규 재일46014-1317, 1999.7.6.)(심사양도1999-4421, 1999.11.5.).

농지대토에 대한 감면 적용 시 경작기간은 농지 보유기간 중의 경작기간을 의미하므로 토지 양도 후의 경작기간은 경작기간에 포함되지 아니한다(조심2010중815, 2010.6.7.).

다만 새로운 농지를 취득한 후 종전의 농지 경작기간과 새로운 농지 경작기간을 합산하여 8년이 지나기 전에 농지소유자가 사망한 경우로서 상속인이 농지소재지에 거주하면서 계속 경작한 때에는 피상속인의 경작기간과 상속인의 경작기간을 통산한다(조세특례제한법시행령 제67조 제5항, 지방세특례제한법시행령 제84조 제1항).

경작한 기간 중 해당 피상속인(그 배우자를 포함한다.) 또는 거주자의 사업소득금액과 근로소득의 총급여액(비과세소득은 제외)의 합계액이 3천700만 원 이상인 과세기간이 있는 경우 또는 사업소득 총수입금액이 다음 표의 금액 이상인 과세기간이 있는 경우, 그 기간은 피상속인 또는 거주자가 경작한 기간에서 제외한다(조세특례제한법시행령 제67조 제6항, 제66조 제14항, 지방세특례제한법시행령 제84조 제1항).

이 경우 사업소득에는 농업·임업에서 발생하는 소득, 부동산임대업에서 발생하는 소득과 비과세되는 농가부업소득은 제외한다(조세특례제한법시행령 제67조 제6항, 제66조 제14항, 지방세특례제한법시행령 제84조 제1항).

또한 새로운 농지의 경작기간을 계산할 때 새로운 농지의 경작을 개시한 후 종전의 농지 경작기간과 새로운 농지 경작기간을 합산하여 8년이 지나기 전에 이 금액 이상인 기간이 있는 경우에는 새로운 농지를 계속하여 경작하지 아니한 것으로 본다(조세특례제한법시행령 제67조 제6항, 지방세특례제한법시행령 제84조 제1항). 따라서 양도일이 속하는 과세기간의 총급여액이 3,700만 원 이상인 경우 감면을 적용받을 수 없다(서면부동산-838, 2019.3.22.).

〈표 8〉 농지 대토 감면대상 기준매출

업 종	매출 기준
농업·임업 및 어업, 광업, 도매 및 소매업(상품중개업 제외), 부동산매매업, 기타	3억 원
제조업, 숙박 및 음식점업, 전기·가스·증기 및 공기조절 공급업, 수도·하수·폐기물처리·원료재생업, 건설업(비주거용 건물 건설업 제외), 부동산 개발 및 공급업(주거용 건물 개발 및 공급업에 한정, 운수업 및 창고업, 정보통신업, 금융 및 보험업, 상품중개업	1억 5천만 원
부동산임대업, 부동산업(부동산매매업 제외), 전문·과학 및 기술서비스업, 사업시설관리·사업지원 및 임대서비스업, 교육서비스업, 보건업 및 사회복지서비스업, 예술·스포츠 및 여가 관련 서비스업, 협회 및 단체, 수리 및 기타 개인서비스업, 가구내 고용활동	7천 5백만 원

(4) 직접 경작 농민

직접 경작이란 거주자가 그 소유농지에서 농작물의 경작 또는 다년 성식물의 재배에 상시 종사하거나 농작업의 2분의 1 이상을 자기의 노동력에 의하여 경작 또는 재배하는 것을 말한다(조세특례제한법시행령 제67조 제2항). 개인지방소득세도 같다(지방세특례제한법시행령 제84조 제1항).

종전의 법령에서는 양도소득세 감면 대상 요건의 하나인 '직접 경작'의 개념에 대하여 별도로 규정하지 않고 있었고, 그 당시 대법원은 '직접 경작'의 의미를 양도자가 손수 경작하는 경우뿐 아니라 자기의 책임과 계산 하에 다른 사람을 고용하여 경작하는 경우도 포함된다고 해석하고 있었다(대법원 1994.10.21. 선고, 94누996 판결, 대법원 2003.5.30. 선고, 2003

두2465 판결 등 참조).

자기가 직접 농업에 종사해야 하므로 양도일 현재 위탁경영·대리경작·임대차 중인 농지 등을 양도하고 대토하는 경우에는 양도소득세 대토감면 규정이 적용되지 아니한다(조세특례제한법집행기준 70-67-7).

5) 감면의 한도

토지가 「국토의 계획 및 이용에 관한 법률」에 따른 주거지역, 상업지역 및 공업지역에 편입되거나 「도시개발 법」 또는 그 밖의 법률에 따라 환지처분 전에 농지 외의 토지로 환지예정지 지정을 받은 경우에는 「국토의 계획 및 이용에 관한 법률」에 따른 주거지역, 상업지역 및 공업지역에 편입되거나, 환지예정지 지정을 받은 날까지 발생한 소득은 양도소득세와 양도소득 분 개인지방소득세가 면제되는 한도가 있다(조세특례제한법 제70조 제1항 단서, 지방세특례법 제131조 제1항 단서).

양도하거나 취득하는 토지가 양도일 현재 「지방자치법」에 따른 도농복합형태의 시의 읍·면지역에 있는 농지로서 「국토의 계획 및 이용에 관한 법률」에 따른 공업지역 등에 편입된 경우에도 적용받을 수 있지만 공업지역 등에 편입된 날까지 발생한 소득에 대해서만 감면을 적용받을 수 있다(부동산거래관리과-236, 2012.4.23.).

한도는 다음의 계산식에 따라 계산한다(조세특례제한법시행령 제67조 제7항, 지방세특례제한법시행령 제84조 제2항).

$$\text{양도소득금액} \times \frac{\text{주거지역 등에 편입되거나 환지 예정지 지정을 받은 날의 기준시가} - \text{취득당시의 기준시가}}{\text{양도당시의 기준시가} - \text{취득당시의 기준시가}}$$

그러나 「공익사업을 위한 토지 등의 취득 및 보상에 관한 법률」 및 그 밖의 법률에 따라 협의매수 되거나 수용되는 경우에는 위 계산식 중 양도당시의 기준시가를 보상가액 산정의 기초가 되는 기준시가로 보며, 새로운 기준시가가 고시되기 전에 취득하거나 양도한 경우 또는 주거지역 등에 편입되거나 환지예정지 지정을 받은 날이 도래하는 경우에는 직전의 기준시가를 적용한다(조세특례제한법시행령 제67조 제7항 단서). 기준시가는 보상금 산정 당시 해당 토지의 개별공시지가로 한다(조세특례제한법시행규칙 제27조 제6항).

6) 감면의 배제

「국토의 계획 및 이용에 관한 법률」에 따른 주거지역 등에 편입되거나 「도시개발 법」 또는 그 밖의 법률에 따라 환지처분 전에 농지 외의 토지로 환지예정지 지정을 받은 토지는 양도소득세와 관련 지방세를 감면 받지 못한다(조세특례제한법 제70조 제2항, 지방세특례법 제131조 제2항).

예외적으로 다음은 감면을 받는다(조세특례제한법시행령 제67조 제8항 1호 단서). 지방세 감면 에도 적용된다(지방세특례제한법시행령 제84조 제3항).

대규모개발사업 지역(사업인정고시일이 같은 하나의 사업시행지역을 말한다.) 안에서 대규모개발사업의 시행으로 인하여 「국토의 계획 및 이용에 관한 법률」에 따른 주거지역, 상업지역 또는 공업지역에 편입된 농지로서 사업시행자의 단계적 사업시행 또는 보상지연으로 이들 지역에 편입된 날부터 3년이 지난 경우이다(조세특례제한법시행령 제67조 제8항 1호 가목).

대규모개발 사업이란 사업시행지역 안의 토지소유자가 1천명 이상이거나 사업시행면적이 일정규모 이상인 개발 사업을 말한다(조세특례제한법시행령 제67조 제8항 1호 가목).

그 규모는 100만 제곱미터로 하되, 「택지개발촉진법」에 의한 택지개발사업 또는 「주택법」에 의한 대지조성사업의 경우에는 10만 제곱미터이다(조세특례제한법시행규칙 제27조 제3항).

사업시행자가 국가, 지방자치단체, 그밖에 공공기관인 개발사업 지역 안에서 개발사업의 시행으로 인하여 「국토의 계획 및 이용에 관한 법률」에 따른 주거지역, 상업지역 또는 공업지역에 편입된 농지로서 부득이한 사유에 해당하는 경우이다(조세특례제한법시행령 제67조 제8항 1호 나목).

공공기관이란 「공공기관의 운영에 관한 법률」에 따라 지정된 공공기관과 「지방공기업법」에 따라 설립된 지방 직영기업·지방공사·지방공단을 말한다(조세특례제한법시행규칙 제27조 제4항).

부득이한 사유란 사업 또는 보상을 지연시키는 사유로서 그 책임이 사업시행자에게 있다고 인정되는 사유를 말한다(조세특례제한법시행규칙 제27조 제4항).

대규모개발 사업지역 안에 있는 경우로써 「국토의 계획 및 이용에 관한 법률」에 따른 주거지역·상업지역 및 공업지역에 편입된 농지로서 편입된 후 3년 이내에 대규모개발 사업이 시행되고, 대규모개발사업 시행자의 단계적 사업시행 또는 보상지연으로 이들 지역에 편입된 날부터 3년이 지난 경우이다(조세특례제한법시행령 제67조 제8항 1호 다목).

「도시개발 법」 또는 그 밖의 법률에 따라 환지처분 이전에 농지 외의 토지로 환지예정지를 지정하는 경우에는 그 환지예정지 지정 일부터 3년이 지난 농지이다. 다만, 환지처분에 따라 교부받는 환지청산금에 해당하는 부분은 제외한다(조세특례제한법시행령 제67조 제8항 2호).

요약하면 다음과 같다(조세특례제한법집행기준 70-67-1).

〈표 9〉 감면의 배제

<table>
<tr><th colspan="2" rowspan="2">지역구분</th><th colspan="2">편입 또는 지정된 날부터</th></tr>
<tr><th>3년경과 양도</th><th>3년 이내 양도</th></tr>
<tr><td rowspan="4">주거지역 등에 편입된 농지</td><td>특별시, 광역시, 시</td><td>감면배제</td><td rowspan="5">취득일부터 주거지역 등의 편입일 또는 환지예정지 지정 일까지 발생한 양도소득금액에 대해서 감면</td></tr>
<tr><td>광역시의 군, 도농복합시의 읍면</td><td rowspan="3">3년 이내 양도와 동일</td></tr>
<tr><td>대규모 개발사업의 단계적 시행 및 보상지연 지역</td></tr>
<tr><td>기타지역</td></tr>
<tr><td colspan="2">환지예정지로 지정받은 모든 토지</td><td>감면배제</td></tr>
</table>

* 2009.12.31.이전은 주거지역 등으로 편입된 날부터 3년 이내에 대토한 경우 양도일까지 발생한 소득은 감면 가능함

7) 감면의 신청

양도소득세의 감면신청을 하고자 하는 자는 당해 농지를 양도한 날이 속하는 과세연도의 과세표준 신고(예정신고를 포함한다.)와 함께 세액감면신청서를 납세지관할세무서장에게 제출하여야 한다(조세특례제한법 제70조 제3항, 조세특례제한시행령 제67조 제9항, 지방세특례법 제131조 제3항).

양도소득 분 개인지방소득세의 감면신청을 하려는 자는 해당 농지를 양도한 날이 속하는 과세연도의 과세표준 신고와 함께 세액감면신청서를 납세지 관할 지방자치단체의 장에게 제출하여야 하지만 양도소득세

감면을 신청하는 경우에는 개인지방소득세에 대한 감면도 함께 신청한 것으로 본다(지방세특례제한법시행령 제84조 제4항).

8) 감면세액의 추징

양도소득세의 감면을 적용받은 거주자가 감면요건을 충족하지 못하는 경우에는 추징 사유가 발생한 날이 속하는 달의 말일부터 2개월 이내에 감면받은 양도소득세와 개인지방소득세를 납부하여야 한다(조세특례제한법 제70조 제4항, 지방세특례법 제131조 제4항).

감면요건을 충족하지 못하는 사유는 네 가지가 있다.

첫째, 종전의 농지의 양도일부터 1년 내에 새로운 농지를 취득하지 아니하거나 새로 취득하는 농지의 면적 또는 가액이 면제요건보다 작은 경우이다. 「공익사업을 위한 토지 등의 취득 및 보상에 관한 법률」에 따른 협의매수·수용 및 그 밖의 법률에 따라 수용되는 경우에는 2년 내로 한다(조세특례제한법시행령 제67조 제10항 1호).

둘째, 새로운 농지의 취득일부터 또는 먼저 양도한 후 1년 이내에 취득한 경우에는 종전의 농지의 양도일부터 1년 이내에 새로운 농지소재지에 거주하면서 경작을 개시하지 아니하는 경우이다(조세특례제한법시행령 제67조 제10항 2호). 1년 이상의 치료나 요양을 필요로 하는 질병의 치료 또는 요양을 위한 경우, 「농지법 시행령」 제3조의 2에 따른 농지개량을 하기 위하여 휴경하는 경우, 자연재해로 인하여 영농이 불가능하게 되어 휴경하는 경우 같이 부득이한 사유로 경작을 못하는 경우에는 2년 이내로 한다(조세감면규제법시행령 제67조 제10항 2호, 조세특례제한법시행규칙 제28조).

셋째, 새로운 농지의 경작을 개시한 후 새로운 농지소재지에 거주하면서 계속하여 경작한 기간과 종전의 농지 경작기간을 합산한 기간이 8년 미만인 경우이다(조세특례제한법시행령 제67조 제10항 3호).

넷째, 새로운 농지의 경작을 개시한 후 종전의 농지 경작기간과 새로운 농지 경작기간을 합산하여 8년이 지나기 전에 경작한 기간 중 해당 피상속인(그 배우자를 포함한다.)

또는 거주자의 사업소득금액과 근로소득의 총급여액(비과세소득은 제외)의 합계액이 3천 700만 원 이상인 과세기간이 있는 경우 또는 사업소득 총수입금액(농업·임업에서 발생하는 소득, 부동산임대업에서 발생하는 소득과 농가부업소득은 제외)이 복식부기의무자에 해당하는 수입 이상인 경우(소득세법 시행령 제208조 제5항 제2호 참조)이다(사업소득이 음수인 경우 0으로 봄). 이 경우 사업소득에는 농업·임업에서 발생하는 소득, 부동산임대업에서 발생하는 소득과 비과세되는 농가부업소득은 제외한다(조세특례제한법시행령 제67조 제10항 4호, 제66조 제14항).

이 경우 경작기간을 계산할 때 새로운 농지를 취득한 후 4년 이내에 「공익사업을 위한 토지 등의 취득 및 보상에 관한 법률」에 따른 협의매수·수용 및 그 밖의 법률에 따라 수용되는 경우에는 4년 동안 농지소재지에 거주하면서 경작한 것으로 보고(조세특례제한법시행령 제67조 제10항, 조세특례제한법시행령 제67조 제4항, 조세특례제한법집행기준 70-67-4), 새로운 농지를 취득한 후 종전의 농지 경작기간과 새로운 농지 경작기간을 합산하여 8년이 지나기 전에 농지소유자가 사망한 경우로서 상속인이 농지소재지에 거주하면서 계속 경작한 때에는 피상속인의 경작기간과 상속인의 경작기간을 통산한다(조세특례제한법시행령 제67조 제10항, 조세특례제한법시행령 제67조 제5항, 조세특례제한법집행기준 70-67-5).

이에 따라 납부하여야 할 세액에 상당하는 금액에 종전의 농지에 대한 양도소득세 또는 개인지방세 예정신고 납부기한의 다음 날부터 양도소득세 또는 개인지방세 납부 일까지의 기간에 1일 10만분의 25의 율을 곱하여 계산한 이자를 납부하여야 한다(조세특례제한법 제70조 제5항, 조세특례제한법시행령 제67조 제11항, 지방세특례법 제131조 제5항, 지방세특례제한법시행령 제84조 제6항).

4. 환매농지에 대한 양도소득세 환급

1) 개요

농업인이 농지 등을 한국농어촌공사에 양도한 후 임차하여 직접 경작한 경우로서 해당 농지 등을 임차기간 내에 환매한 경우 농지 등의 양도소득에 대하여 납부한 양도소득세와 납부한 양도소득 분 개인지방소득세를 환급받을 수 있다(조세특례제한법 제70조의 2 제1항, 지방세특례제한법 제131조의 2 제1항).

「한국농어촌공사 및 농지관리기금법 시행령」 제19조의 6 제2항에 따라 농지 등의 일부에 대하여 환매를 신청한 경우 환급세액은 환매한 농지 등에 대하여 납부한 양도소득세에 상당하는 금액으로 한다(조세특례제한법시행령 제67조의 2 제4항).

「국세기본법」 제47조 제1항에 따라 부과되는 가산세와 「국세징수법」 제21조에 따라 징수하는 가산금은 환급받을 수 있는 양도소득세에 포함하지 않는다(기준 법령 재산-28, 2015.3.16.).

농지 등의 매도 당시 소유자 또는 그 포괄승계인(이를 환매권자라 한다.)이 그 농지 등에 대하여 환매를 요구하려는 경우에는 한국농어촌공사에 환매를 신청하여야 한다(한국농어촌공사 및 농지관리기금법 시행령 제19조의 6 제1항).

동 임차기간 내에 환매하고, 환매한 농지를 다시 양도하는 경우 그 농지에 대하여 양도소득금액을 계산할 때 취득 시기는 한국농어촌공사에 양도하기 전 해당 농지의 취득일이다(법규재산2014-529, 2014.12.2.).

상속으로 취득한 농지를 한국농어촌공사에 양도 후 임차하여 경작하면 양도소득세를 환급받은 상속인이 환매한 농지를 다시 양도한 경우 그 농지에 대한 양도소득세액 계산 시 취득 시기는 상속인이 한국농어촌공사에 양도하기 전 농지 취득일을 적용하며, 피상속인의 경작기간은 통산하지 아니한다(서면부동산-3264, 2019.9.19.).

2) 농업인의 정의

농업인이란 농업에 종사하는 개인으로서 농업에 종사한 자를 말한다. 이에는 4가지가 있다(농지법 제2조).

첫째는 1천 제곱미터(약 303평) 이상의 농지에서 농작물 또는 다년 생식물을 경작 또는 재배하거나 1년 중 90일 이상 농업에 종사하는 자이다(농지법시행령 제3조 제1호).

둘째는 농지에 330제곱미터(약 100평) 이상의 고정식온실, 버섯재배 사, 비닐하우스, 그 밖의 농업생산에 필요한 시설을 설치하여 농작물 또는 다년생 식물을 경작 또는 재배하는 자이다(농지법시행령 제3조 제2호).

셋째는 대 가축 2두, 중 가축 10두, 소 가축 100두, 가금 1천수 또는 꿀벌 10군 이상을 사육하거나 1년 중 120일 이상 축산업에 종사하는 자이다(농지법시행령 제3조 제3호).

넷째는 농업경영을 통한 농산물의 연간 판매액이 120만 원 이상인 자이다(농지법시행령 제3조 제4호). 농업경영이란 농업인이나 농업법인이 자기의 계산과 책임으로 농업을 영위하는 것을 말한다(농지법 제2조).

3) 농지의 범위

농지는 직접 경작한 농지 및 그 농지에 딸린 농업용 시설을 말한다(조세특례제한법 제70조의 2 제1항). 농지 및 농지에 딸린 농업용 시설이란 농업인 또는 농업법인이 소유한 농지 및 농지에 딸린 농업용 시설을 말한다(한국농어촌공사 및 농지관리기금법 제24조의 3 제1항).

여기서 농지는 두 가지가 있다. 하나는 전·답, 과수원, 그밖에 법적 지목을 불문하고 실제로 농작물 경작지 또는 다 년생 식물 재배지로 이용되는 토지이다(농지법 제2조 1호).

다년생 식물 재배지는 목초·종묘·인삼·약초·잔디 및 조림용 묘목, 과수·뽕나무·유실수 그 밖의 생육기간이 2년 이상인 식물 및 조경 또는 관상용 수목과 그 묘목(조경목적으로 식재한 것을 제외한다)의 재배지로 한다(농지법시행령 제2조 제1항).

그러나 「초지 법」에 따라 조성된 토지는 제외한다(농지법 제2조 1호 단서). 「초지 법」에 따라 조성된 토지란 「측량·수로조사 및 지적에 관한 법률」에 따른 지목이 전·답, 과수원이 아닌 토지로서 농작물 경작지 또는 다 년생 식물 재배지로 계속하여 이용되는 기간이 3년 미만인 토지, 이를 제외하고 「측량·수로조사 및 지적에 관한 법률」에 따른 지목이 임야인 토지로서 그 형질을 변경하지 아니하고 과수·뽕나무·유실수 그 밖의 생육기간이 2년 이상인 식물 및 조경 또는 관상용 수목과 그 묘목(조경목적으로 식재한 것을 제외한다)의 재배에 이용되는 토지 및 「초지 법」에 따라 조성된 초지를 말한다(농지법시행령 제2조 제2항).

다른 하나는 동 토지의 개량시설과 동 토지에 설치하는 농축산물 생산시설의 부지이다(농지법 제2조 1호). 토지의 개량시설은 유지(溜池, 웅덩이), 양·배수시설, 수로, 농로, 제방, 그밖에 농지의 보전이나 이용에 필요한 시설로서 토양의 침식이나 재해로 인한 농작물의 피해를 방지하기 위하여 설치한 계단, 흙 막기, 방풍림과 그밖에 이에 준하는 시설이다(농지법시행령 제2조 제3항 1호, 농지법시행규칙 제2조).

토지에 설치하는 농축산물 생산시설은 여러 가지가 있다. 첫째는 농작물 경작지 또는 다년생 식물의 재배지에 설치한 고정식온실·버섯재배사 및 비닐하우스와 그 부속시설(농지법시행령 제2조 제3항 2호)이다. 둘째는 축사·곤충사육사와 그 부속시설이다(농지법시행령 제2조 제3항 2호). 그 부속시설이란 해당 축사 또는 곤충사육사와 연접하여 설치된 시설로서 가축 또는 곤충의 사육, 관리, 출하 등 일련의 생산과정에 직접 이용되는 시설을 말한다(농지법시행규칙 제3조 제2항).

축사의 부속시설은 첫째, 급여(給與)시설, 착유시설, 위생시설, 가축분뇨처리시설, 농기계보관시설, 진입로 및 가축운동장, 둘째, 자가 소비용 사료의 간이처리시설 또는 보관시설과 셋째, 이러한 시설 또는 해당 축사에서 사육하는 가축의 관리를 위하여 설치하는 시설(연면적 33제곱미터 이하이고, 주거 목적이 아닌 경우로 한정한다.)을 말한다(농지법시행규칙 제3조 제2항 제1호).

곤충사육사의 부속시설은 사육용기 세척시설 및 진입로, 자가 소비용 사료의 간이처리 또는 보관시설과 이러한 시설 또는 해당 곤충사육사에서 사육하는 곤충의 관리를 위하여 설치하는 시설(연면적 33제곱미터 이하이고, 주거 목적이 아닌 경우로 한정)을 말한다(농지법시행규칙 제3조 제2항 제2호).

또한 간이퇴비장 및 농막·간이저온저장고 및 간이 액비저장 조 시설을 포함한다(농지법시행령 제2조 제3항 2호). 농막은 농작 업에 직접 필요한 농자재 및 농기계 보관, 수확 농산물 간이 처리 또는 농작 업 중 일시 휴식을 위하여 설치하는 시설(연면적 20제곱미터 이하이고, 주거 목적이 아닌 경우로 한정한다.)을 말하고, 간이저온저장고로 연면적 33제곱미터 이하인 것, 간이 액비저장 조로 저장 용량이 200톤 이하인 것에 한한다(농지법시행규칙 제3조의 2).

4) 임차의 범위

임차라 함은「한국농어촌공사 및 농지관리기금법」제24조의 3 제3항에 따라 농지를 매도하고 다시 임차한 것을 말한다(조세특례제한법 제70조의 2 제1항). 임차기간은「한국농어촌공사 및 농지관리기금법」제24조의 3 제3항에 따른 임차기간을 말한다(조세특례제한법 제70조의 2 제1항). 공사가 매입한 농지를 해당 농업인 또는 농업법인에 임대하는 경우 그 임대기간은 7년으로 한다(한국농어촌공사 및 농지관리기금법시행령 제19조의 5 제1항).

농지를 공사에 매도하고 다시 임차한 그 농지의 전 소유자 또는 포괄승계인은 임차 기간이 끝나기 전에 한국농어촌공사에 대하여 그 농지의 환매를 요구할 수 있고, 공사는 그 농지가 공익사업에 필요하여 수용되는 등 특별한 사유가 없으면 요구에 따라야 한다(한국농어촌공사 및 농지관리기금법 제24조의 3 제3항).

한국농어촌공사는 농지를 매도한 농업인 또는 농업법인이 동 임대기간에 경영회생을 하기 어려운 사유가 있다고 인정되는 경우에는 3년을 초과하지 아니하는 범위에서 임대기간을 연장할 수 있다(한국농어촌공사 및 농지관리기금법시행령 제19조의 5 제2항).

5) 환급의 신청과 추징

환급을 받으려는 자는 환급신청서에 농지를 한국농어촌공사에 양도한 매매계약서 사본, 해당 농지를 한국농어촌공사로부터 환매한 환매계약서 사본을 첨부하여 납세지 관할 세무서장에게 제출하여야 한다(조세특례제한법 제70조의 2 제3항, 조세특례제한법시행령 제67조의 2 제1항, 지방세특례제한법 제131조의 2 제3항).

환매권자가 환매신청을 하는 경우에는 매도한 농지 전부에 대하여 환매를 신청하여야 한다. 다만, 공익사업에 필요하여 수용되는 등 특별한 사유가 있는 농지는 제외하고 환매를 신청할 수 있다(한국농어촌공사 및 농지관리기금법 시행령 제19조의 6 제2항).

양도소득세를 환급받은 「농지법」 제2조에 따른 농업인이 환매한 해당 농지를 다시 양도하는 경우 그 농지에 대하여 양도 소득금액을 계산할 때 취득가액은 한국농어촌공사에 양도하기 전 농업인의 해당 농지 취득 당시 취득가액(소득세법 제97조 제1항 제1호 각 목 참조)으로 하고, 취득시기는 한국농어촌공사에 양도하기 전 해당 농지의 취득일로 한다(조세특례제한법 제70조의 2 제2항, 지방세특례제한법 제131조의 2 제2항).

이렇게 다시 양도하는 경우 「한국농어촌공사 및 농지관리기금법」 제24조의 3 제3항에 따른 임차기간 내에 경작한 기간은 해당 농업인이 직접 농지를 경작한 것으로 보아 자경농지에 대한 양도소득세 감면규정(조세특례제한법 시행령 제66조)을 적용한다(조세특례제한법시행령 제67조의 2 제3항).

5. 산지 양도에 대한 양도소득세 감면

「산지관리법」에 따른 산지로서 2년 이상 보유한 산지를 2022년 12월 31일 이전에 「국유림의 경영 및 관리에 관한 법률」 제18조에 따라 국가에 양도함으로써 발생하는 소득에 대해서는 양도소득세의 10%를 감면한다(조세특례제한법 제85조의 10 제1항). 산지에는 「국토의 계획 및 이용에 관한 법률」에 따른 도시지역에 소재하는 산지를 제외한다(조세특례제한법 제85조의 10 제1항).

감면신청을 하려는 자는 해당 산지를 양도한 날이 속하는 과세연도의 과세표준 신고 또는 예정신고를 할 때 세액감면신청서에 「국유림의 경영 및 관리에 관한 법률」 제18조 제2항에 따라 산림청장이 매수한 사실을 확인할 수 있는 매매계약서 사본을 첨부하여 납세지 관할세무서장에게 제출하여야 한다(조세특례제한법시행령 제79조의 11).

제3절 농어민에 대한 증여세 감면

1. 감면의 개요

자경 농민이 농지, 초지, 산림 지 또는 축사용지를 영농자녀에게 2022년 12월 31일까지 증여하는 경우에는 증여세를 내지 않는다(조세특례제한법 제71조 제1항).

그러나 감면받을 증여세액의 5년간 합계가 1억 원을 초과하는 경우에는 그 초과하는 부분에 상당하는 금액은 감면하지 아니한다. 이 경우 증여세감면한도액은 그 감면받을 증여세액과 그 증여일 전 5년간 감면받은 증여세액을 합친 금액으로 계산한다(조세특례제한법 제133조 제2항).

2. 감면의 요건

1) 증여자와 수증자 요건

증여세를 감면을 받으려면 증여자가 영농, 양축(養畜), 영어(營漁) 및 영림(營林)에 종사하여야 한다(조세특례제한법 제71조 제1항). 증여를 받는 수증자는 농지의 증여일부터 소급하여 3년 이상 계속하여 직접 영농에 종사했어야 한다(조세특례제한법 시행령 제68조 제1항 2호).

동시에 농지가 소재하는 시, 군, 자치구, 그와 연접한 시, 군, 자치구에 거주하거나 해당 농지로부터 직선거리 30킬로미터 이내에 거주하여야 한다(조세특례제한법 시행령 제68조 제1항 1호).

농업을 영위하면서 농가부업을 하는 경우도 직접 영농에 종사한 것으로 본다(조심2015중4709, 2015.12.23.). 경영회생지원을 위한 농지 매매의 일환으로 농어촌공사에 매매하여 위탁 경영하다가 환매로 부모 명의로 취득하여 계속 자경해 오다가 자녀에게 증여한 경우는 인정되지 않는다.

2) 수증자 요건

감면을 받으려면 증여를 받는 사람이 영농자녀여야 한다. 영농자녀란 농지 등의 소재지에 거주하면서 직접 경작하는 직계비속을 말한다(조세특례제한법 제71조 제1항).

이는 두 가지 요건을 모두 갖추어야 한다. 첫째는 농지의 증여일 현재 만 18세 이상인 직계비속이어야 한다(조세특례제한법 시행령 제68조 제3항 1호).

둘째는 증여세 과세표준 신고기한까지 농지의 증여일 현재 만 18세 이상인 직계비속으로서 증여받는 농지에서 직접 영농, 양축, 영어, 영림에 종사하여야 한다(조세특례제한법 시행령 제68조 제3항 2호).

이 때 영농자녀가 증여일 현재 농지를 보유하지 않아도 증여세를 감면받을 수 있다(상속증여-542, 2013.9.2.). 수증자인 영농자녀의 인원수 제한은 없다(서면4팀-2405, 2007.8.9.).

3. 농지의 범위

1) 농지 등의 범위

감면대상은 농지, 초지, 산림지, 축사용지, 어선, 어업권, 어업용 토지, 염전이다. 해당 농지, 초지, 산림지, 어선, 어업권, 어업용 토지 등, 염전 또는 축사용지를 영농조합법인 또는 영어조합법인에 현물 출자하여 취득한 출자지분을 포함한다(조세특례제한법 제71조 제1항). 면적이내의 농지 등에 해당하는지 여부는 증여자인 자경농민을 기준으로 판단한다(서면4팀-2405, 2007.8.9.). 이 때 면적한도는 증여자인 자경농민을 기준으로 적용한다(상속증여세과-304, 2014.8.12.).

농지란 「농지법」 제2조 제1호 가목에 따른 토지로 4만 제곱미터 이내(조세특례제한법 제71조 제1항 1호 가목), 초지는 「초지법」 제5조에 따른 초지 조성허가를 받은 초지로 14만8천5백 제곱미터 이내를 말한다(조세특례제한법 제71조 제1항 1호 나목). 「초지법」의 적용을 받지 않는 축사의 부수 토지는 증여세 감면대상에 해당되지 않는다(상속증여세과-304, 2014.8.12.).

감면대상인 산림 지는 「산지관리법」 1항 1호에 따른 보전산지 중 「산림자원의 조성 및 관리에 관한 법률」에 따라 산림 경영계획을 인가받거나 특수 산림사업지구로 지정받아 새로 조림한 기간이 5년 이상인 산림지로 29만7천 제곱미터 이내(조림 기간이 20년 이상인 산림지의 경우에는 조림 기간이 5년 이상인 29만7천 제곱미터 이내의 산림 지를 포함하여 99만 제곱미터 이내), 채종림, 「산림보호법」 제7조에 따른 산림보호구역을 말한다(조세특례제한법 제71조 제1항 1호 다목).

축사용지는 축사 및 축사에 딸린 토지로서 해당 축사의 실제 건축면적을 「건축법」 제55조에 따른 건폐율로 나눈 면적의 범위 이내의 것이어야 한다(조세특례제한법 제71조 제1항 1호 라목).

또한 「어선법」 제13조의 2에 따른 총톤수 20톤 미만의 어선, 「수산업법」 제2조 또는 「내수면어업법」 제7조에 따른 어업권으로서 10만 제곱미터 이내의 것, 어업용 토지 등으로 4만 제곱미터 이내의 것, 「소금산업진흥법」 제2조 제3호에 따른 염전으로서 6만 제곱미터 이내의 것도 대상이다(조세특례제한법 제71조 제1항 1호 마목 내지 아목).

2) 감면이 안 되는 증여

「국토의 계획 및 이용에 관한 법률」 제36조에 따른 주거지역, 상업지역 및 공업지역에 소재하는 농지 등(조세특례제한법 제71조 제1항 2호)과 「택지개발촉진법」에 따른 택지개발지구나 개발사업 지구로 지정된 지역에 소재하는 농지 등은 감면되지 않는다(조세특례제한법 제71조 제1항 3호). 개발사업 지구란 시행령 별표 6의 2에 따른 사업지구를 말하는데 다음과 같다(조세특례제한법 시행령 제68조 제4항).

〈표 10〉 영농자녀 증여세 감면에서 제외되는 개발사업 지구(2019.3.12. 개정)

1. 「경제자유구역의 지정 및 운영에 관한 법률」 제4조에 따라 지정된 경제자유구역
2. 「관광진흥법」 제50조에 따라 지정된 관광단지
3. 「공공주택 건설 등에 관한 특별법」 제6조에 따라 지정된 공공주택지구
4. 「기업도시개발특별법」 제5조에 따라 지정된 기업도시개발구역
5. 「농어촌도로정비법」 제8조에 따라 도로사업계획이 승인된 지역
6. 「도시개발법」 제3조에 따라 지정된 도시개발구역
7. 「사회기반시설에 대한 민간투자법」 제15조에 따라 실시계획이 승인된 민간투자사업 예정지역
8. 「산업입지 및 개발에 관한 법률」 제2조제5호에 따른 산업단지
9. 「신항만건설촉진법」 제5조에 따라 지정된 신항만건설예정 지역
10. 「온천법」 제4조에 따라 지정된 온천원보호지구
11. 「유통단지개발촉진법」 제5조에 따라 지정된 유통단지
12. 「자연환경보전법」 제38조에 따라 자연환경보전·이용시설설치계획이 수립된 지역
13. 「전원개발촉진법」 제5조에 따라 전원개발사업 실시계획이 승인된 지역
14. 「주택법」 제16조에 따라 주택건설사업계획이 승인된 지역
15. 「중소기업진흥에 관한 법률」 제31조에 따라 협동화사업을 위한 단지조성사업의 실시계획이 승인된 지역
16. 「지역균형개발 및 지방중소기업 육성에 관한 법률」 제9조에 따른 개발촉진지구, 동법 제26조의3에 따른 특정지역 및 동법 제38조의2에 따른 지역종합개발지구
17. 「철도의 건설 및 철도시설 유지관리에 관한 법률」 제9조에 따라 철도건설사업실시계획이 승인된 지역 및 「역세권의 개발 및 이용에 관한 법률」 제4조에 따라 지정된 역세권개발구역 (2019.3.12. 개정)

18. 「화물유통촉진법」 제28조에 따라 화물터미널설치사업의 공사계획이 인가된 지역
19. 그 밖에 농지 등의 전용이 수반되는 개발사업지구로서 농지법·초지법·산지관리법 그 밖의 법률의 규정에 의하여 농지 등의 전용의 허가·승인·동의를 받았거나 받은 것으로 의제되는 지역

4. 감면의 신청

증여세를 받으려면 영농 자녀가 증여세 과세표준 신고기한까지 감면신청을 하여야 한다(조세특례제한법 제71조 제7항). 증여세는 3개월 내에 신고하여야 한다. 신고 기한까지 감면신청을 하지 아니한 경우 감면규정의 적용을 배제한다(의정부지법2011구합537, 2011.10.18.).

감면신청을 하려면 세액감면신청서에 자경농민 및 영농자녀의 농업소득세 납세증명서 또는 영농사실을 확인할 수 있는 서류, 해당 농지 등 취득시의 매매계약서사본, 해당 농지 등에 대한 증여계약서사본, 증여받은 농지 등의 명세서, 해당 농지 등을 영농조합 법인에 현물출자 한 경우에는 영농조합 법인에 출자한 증서, 자경농민의 가족관계기록사항에 관한 증명서를 첨부하여 납세지관할세무서장에게 제출하여야 한다(조세특례제한법 시행령 제68조 제9항).

영농자녀가 농지 등을 동시에 2필지 이상 증여받은 경우에는 증여세를 감면받으려는 농지 등의 순위를 정하여 감면을 신청하여야 한다. 다만, 영농자녀가 감면받으려는 농지 등의 순위를 정하지 아니하고 감면을 신청한 경우에는 증여 당시 농지 등의 가액이 높은 순으로 감면을 신청한 것으로 본다(조세특례제한법 시행령 제68조 제8항).

세액감면신청서를 제출받은 납세지관할세무서장은「전자정부법」제36조 제1항에 따른 행정정보의 공동이용을 통하여 자경농민의 주민등록표등본, 신청인의 주민등록표등본, 증여받은 농지 등의 등기부등본, 증여받은 농지 등의 토지이용계획 확인서를 확인하여야 한다.

다만, 신청인이 주민등록표 등본의 확인에 동의하지 아니하는 경우에는 그 서류를 첨부하도록 하여야 한다(조세특례제한법 시행령 제68조 제10항).

5. 감면세금의 추징

정당한 사유 없이 증여 받은 날부터 5년 이내에 양도하거나 해당 농지 등에서 직접 영농에 종사하지 아니하게 된 경우에는 즉시 감면세액을 추징한다(조세특례제한법 제71조 제2항). 추징하는 경우 이자도 추징된다(조세특례제한법 제71조 제4항).

정당한 사유에는「공익사업을 위한 토지 등의 취득 및 보상에 관한 법률」에 따른 협의매수·수용 및 그 밖의 법률에 따라 수용되는 경우, 국가·지방자치단체에 양도하는 경우,「농어촌정비법」그 밖의 법률에 따른 환지 처분에 따라 해당 농지 등이 농지 등으로 사용될 수 없는 다른 지목으로 변경되는 경우, 영농 자녀가「해외이주법」에 따른 해외 이주를 하는 경우,「소득세법」제89조 제1항 제2호 및 법 제70조에 따라 농지를 교환·분합 또는 대토한 경우로서 종전 농지 등의 자경기간과 교환·분합 또는 대토 후의 농지 등의 자경기간을 합하여 8년 이상이 되는 경우, 그 밖에 기획재정부령이 정하는 부득이한 사유(현재 규정 없음)가 있는 경우이다(조세특례제한법 시행령 제68조 제5항).

농지에 대한 증여세를 감면받은 후 그 농지가 주거 지역에 편입되어 증여받은 날로부터 5년 이내에 양도하는 경우는 정당한 사유에 해당하지 않아 그 농지에 대한 증여세 감면세액을 추징한다(상속증여세과-462, 2014.11.28.).

질병 등 정당한 사유는 영농자녀가 1년 이상의 치료나 요양을 필요로 하는 질병으로 인하여 치료나 요양을 하는 경우, 영농자녀가 「고등교육법」에 따른 학교 중 농업계열의 학교에 진학하여 일시적으로 영농에 종사하지 못하는 경우, 「병역법」에 따라 징집되는 경우, 「공직선거법」에 따른 선거에 의하여 공직에 취임하는 경우, 그밖에 기획재정부령이 정하는 부득이한 사유가 있는 경우(현재 규정 없음)이다(조세특례제한법 시행령 제68조 제6항).

농지 등을 증여받고 증여세를 감면받은 후 당해 농지 또는 초지에 신축한 주택의 경우는 축산업에 이용되는 부대시설에 해당하지 아니하므로 당해 면적에 대해서는 증여세의 감면세액에 상당하는 금액을 징수한다(재산세과-102, 2012.3.12.).

6. 양도세와 상속세 특례

1) 양도세 특례

증여세를 감면받은 농지 등을 양도하여 양도소득세를 부과하는 경우 취득 시기는 자경 농민이 그 농지 등을 취득한 날로 하고, 필요경비는 자경농민의 취득 당시 필요경비로 한다(조세특례제한법 제71조 제3항). 농지 등을 양도하는 경우 이렇게 증여받은 농지 등이 포함되어 있는 경우에는 증여세를 감면받은 부분과 과세된 부분을 각각 구분하여 양도소득금액을 계산한다(조세특례제한법 시행령 제68조 제7항).

2) 상속세 특례

증여세를 감면받은 농지 등은 「상속세 및 증여세법」 제3조 제2항을 적용하는 경우 상속재산에 가산하는 증여재산으로 보지 아니하며, 같은 법 제13조 제1항에 따라 상속세 과세가액에 가산하는 증여재산가액에 포함시키지 아니한다(조세특례제한법 제71조 제5항).

또한 「상속세 및 증여세법」 제47조 제2항에 따라 해당 증여일 전 10년 이내에 자경농민(자경농민의 배우자를 포함한다.)으로부터 증여받아 합산하는 증여재산가액에 포함시키지 아니한다(조세특례제한법 제71조 제6항).

제4절 농어민 취득세 등의 감면

1. 자경 농민에 대한 취득세 감면

1) 감면내용 및 자경농민

자경농민이 농지로 사용하기 위하여 취득하는 경우 취득세를 50% 경감해준다(지방세특례제한법 제6조 제1항).

또한 자경농민이 농업용으로 사용하기 위하여 취득하는 농업용 시설에 대해서는 취득세의 50%를 경감한다.

농업용 시설이란 첫째, 양잠(養蠶) 또는 버섯재배용 건축물, 고정식 온실, 둘째, 가축을 사육하기 위한 사육시설, 소독 및 방역 시설, 착유실, 집란실, 「가축분뇨의 관리 및 이용에 관한 법률」 제2조 제3호에 따른 배출시설, 「가축분뇨의 관리 및 이용에 관한 법률」 제2조 제7호에 따른 정화시설, 셋째, 창고(저온창고, 상온창고 및 농기계보관용 창고만 해당) 및 농산물 선별처리시설을 말한다(지방세특례제한법 제6조 제2항, 지방세특례제한법시행령 제3조 제5항).

자경농민이란 농업을 주업으로 하는 사람으로서 2년 이상 영농에 종사한 사람 또는 「후계농어업인 및 청년농어업인 육성·지원에 관한 법률」 제8조에 따른 후계농업경영인 및 청년 창업형 후계농업경영인을 말한다(지방세특례제한법 제6조 제1항).

농업을 주업으로 하는 사람으로서 2년 이상 영농에 종사한 사람이란 본인 또는 배우자(동일한 세대별 주민등록표에 기재되어 있는 경우로 한정) 중 1명 이상이 취득일 현재 3가지 요건을 모두 갖추고 있는 사람을 말한다.

첫째 요건은 농지의 취득일을 기준으로 이전에 농지(「지방세법 시행령」 제21조에 따른 농지를 말한다. 이하 같다)를 소유하거나 임차하여 경작하는 방법으로 직접 2년 이상 계속하여 농업에 종사하였어야 한다.

둘째 요건은 이러한 농지의 소재지인 자치구, 시, 군 또는 그와 잇닿아 있는 자치구, 시, 군에 거주하거나 해당 농지의 소재지로부터 30킬로미터 이내의 지역에 거주하여야 한다.

셋째 요건은 직전 연도 농업 외의 종합소득금액(농업, 임업에서 발생하는 소득, 부동산임대소득 또는 농가부업소득을 제외한 금액을 말한다.)이 「농업·농촌 공익기능 증진 직접지불제도 운영에 관한 법률」 제9조 제3항 제1호 및 같은 법 시행령 제6조 제1항에 따른 금액(3천 7백만 원) 미만이어야 한다(지방세특례제한법시행령 제3조 제1항).

자기 자신이 자경농민 요건을 미충족한 경우 동거가족(자경농민)이 직계존속이라도, 농지를 증여받은 자녀는 취득세 감면대상에 해당되지 아니한다(지방세운영과-1853, 2012.6.15.).

과거에 농지소재지에서 거주하면서 2년 이상 농업에 종사하다가 중간에 다른 시군으로 이사했다가 다시 돌아와서 거주하다가 농지를 매입한 경우 취득세 감면이 가능한지 문의를 받았다. 2년 이상 영농에 종사한 자라 함은 취득시점을 기준으로 2년 이상 '계속하여' 농업에 종사하는 경우를 의미하므로 계속 영농을 영위하지 아니한 경우에는 감면대상에서 제외된다. 또한 농업이 주업이어야 한다.

농지 취득일 현재를 기준으로 그 이전에 직접 2년 이상 농업에 종사하였거나 농지를 경작하는 자의 동거가족으로서의 요건은 충족하여야 한다. 따라서 취득일 이전에 언제라도 2년 이상 계속하여 농업에 종사한 것을 말하는지 아니면 취득일부터 과거 2년 이상 농업에 종사한 것을 말하는지는 모호하다. 개인적인 생각으로는 전자가 맞을 것 같지만 판결이 나와 봐야 할 것 같다.

2) 감면대상 농지

(1) 농지의 범위

농지는 공부상 지목이 논, 밭 또는 과수원인 토지로서 실제 농작물의 경작에 이용되는 토지이다. 「농지법」 등 관계 법령에 따라 농지를 조성하기 위하여 취득하는 임야에 대하여는 취득세 경감하는 것으로 규정하고 있으므로 공부상 지목이 임야인 사실상 농지를 취득하여 관계법령에 따라 산지 전용허가 등을 득하고 지목을 변경하는 경우라면 '농지를 조성하기 위하여 취득하는 임야'에 해당한다 할 것이므로 취득세 경감대상에 해당하는 것으로 판단된다(지방세특례제도과-769, 2015.3.19.).

공부상 지목이 답인 토지 위에 축사를 설치하여 이를 사실상 목장 용지로 이용하는 경우 농지에 해당하고, 토지를 축사와 그 부대시설의 용도로 사용하는 것은 직접 경작에 해당된다(조심2012지743, 2012.12.27.).

(2) 감면의 요건

세 가지 요건을 모두 갖추어 직접 경작할 목적으로 취득하는 농지(논, 밭, 과수원 및 목장용지를 말함) 및 관계 법령에 따라 농지를 조성하기 위하여 취득하는 임야에 대해서는 취득세의 50%를 경감한다(지방세특례제한법 제6조 제1항).

첫째, 농지 및 임야의 소재지가 「국토의 계획 및 이용에 관한 법률」에 따른 도시지역(개발제한구역과 녹지지역은 제외한다. 이하 같다) 외의 지역일 것, 둘째, 농지 및 임야를 취득하는 사람의 주소지가 농지 및 임야의 소재지인 자치구, 시, 군 또는 그 지역과 잇닿아 있는 자치구, 시, 군 지역이거나 농지 및 임야의 소재지로부터 30킬로미터 이내의 지역일 것, 셋째, 소유 농지 및 임야(도시지역 안의 농지 및 임야를 포함)의 규모가 새로 취득하는 농지 및 임야를 합하여 논, 밭, 과수원은 3만 제곱미터(「농지법」에 따라 지정된 농업진흥지역 안의 논, 밭, 과수원은 20만 제곱미터로 한다), 목장용지는 25만 제곱미터, 임야는 30만 제곱미터 이내일 것(초과부분이 있을 때에는 그 초과부분만을 경감대상에서 제외)이다(지방세특례제한법시행령 제3조 제2항).

자경농민이 농지취득에 따른 취득세 감면대상이 되기 위해서는 당초 소유농지와 새로이 취득하는 농지를 합산하여 면적을 규정하고 있는데, 당초 소유농지를 취득자 단독으로 소유한 농지로 볼 것인지 아니면 취득자의 세대원 전부가 소유한 농지를 합산한 것으로 볼 것인지가 매매하다.

그러나 자경농민의 범위에 관한 규정과 소유농지의 기준이 서로 별개의 규정이므로 소유 범위를 취득자 세대원의 농지까지 합산한다는 별도의 규정이 없으므로, 취득 주체인 취득자가 소유한 농지만을 감면대상으로 본다(지방세운영과-3916, 2011.8.19.).

3) 세액의 추징

정당한 사유 없이 그 취득일부터 2년이 경과할 때까지 자경 농민으로서 농지를 직접 경작하지 아니하거나 농지조성을 시작하지 아니하는 경우, 정당한 사유 없이 경작한 기간이 2년 미만인 상태에서 매각 또는 증여하거나 다른 용도로 사용하는 경우 그 해당 부분에 대해서는 경감된 취득세를 추징한다(지방세특례제한법 제6조 제1항).

여기서 농지를 취득 후 '직접 경작'의 의미에 관하여 명확하게 정의하고 있지 않으나, 「지방세특례제한법」 제6조제1항 본문에서 "대통령령으로 정하는 기준에 따라 직접 경작할 목적으로 취득하는 농지"를 감면 요건으로 규정하고 있는 점, 같은 법 시행령 제3조에서 대통령령이 정하는 기준의 하나로서 자경농민이 농지소재지로부터 20킬로미터 이내에 거주할 것을 규정하고 있는 점, 자경농민의 취득에 대한 취득세 등 감면규정의 입법 취지가 자경농민의 취득하는 농지를 농지 소재지에 거주하면서 자경할 경우 감면혜택을 부여하려는 데 있는 것으로 보이는 점 등을 감안해 볼 때 '직접 경작'이란 자경농민이 농지소재지에서 직접 경작하는 것을 뜻한다(지방세특례제도과-327, 2014.12.26.).

농지를 취득하고 질병으로 경작기간 2년 미만인 상태에서 임대하였지만 질병이 이 농지를 취득할 당시부터 알 수 있었던 경우, 이 농지를 취득한 후에도 그 소유의 다른 농지를 직접 경작하고 있는 경우 경작기간이 2년 미만인 상태에서 다른 용도로 사용할 수밖에 없었던 정당한 사유로 보기 어렵다(조심2015지932, 2015.10.1.).

농지를 취득한 후 2년 이내에 매매 계약을 체결하여 소유권 이전등기를 하면 감면한 취득세 등의 추징요건이 성립되고, 그 후 매매 계약을 합의 해제한 후 소유권 이전등기를 말소하여 소유권을 원상회복하였다

하더라도 이미 성립한 취득세 등의 납세의무에 영향을 미칠 수 없다(조심2012지506, 2012.11.28.).

2. 귀농에 대한 취득세 감면

1) 감면의 대상

2024년 12월 31일까지 귀농 인이 취득하는 농지는 취득세를 50% 경감한다(지방세특례제한법 제6조 제4항).

즉 귀농 인이 직접 경작 또는 사용할 목적으로 귀농 일부터 3년 이내에 취득하는 농지 및 「농지법」 등 관계 법령에 따라 농지를 조성하기 위하여 취득하는 임야 및 농업용 시설(농지, 임야 및 농업용 시설을 취득한 사람이 그 취득일부터 60일 이내에 귀농 인이 되는 경우 그 농지, 임야 및 농업용 시설을 포함)에 대해서는 취득세의 50%를 경감한다(지방세특례제한법 제6조 제4항).

귀농일이란 귀농 인이 새로 이주한 해당 농촌으로 전입신고를 하고 거주를 시작한 날을 말한다(지방세특례제한법시행령 제3조 제7항). 귀농 인이란 세 가지 요건을 모두 갖춘 사람을 말한다.

첫째, 농촌(「농업·농촌 및 식품산업 기본법」 제3조 제5호에 따른 지역을 말한다. 이하 같다) 외의 지역에서 귀농일을 기준으로 1년 이전부터 「주민등록법」 제16조에 따른 전입신고를 하고 계속하여 실제 거주한 사람일 것, 둘째, 귀농일 전까지 계속하여 1년 이상 「농업·농촌 및 식품산업 기본법」 제3조 제1호에 따른 농업에 종사하지 않은 사람일 것, 셋째, 농촌에 「주민등록법」에 따른 전입신고를 하고 실제 거주하는 사람일 것이다(지방세특례제한법 제6조 제4항, 지방세특례제한법시행령 제3조 제6항).

2) 세금의 추징

귀농 인이 정당한 사유 없이 농업에 종사하지 않는 경우에는 경감된 취득세를 추징하되, 아래 셋째와 넷째의 경우에는 그 해당 부분에 한정하여 경감된 취득세를 추징한다(지방세특례제한법 제6조 제4항).

농업에 종사하지 않는 경우란 첫째, 귀농 일부터 3년 이내에 주민등록 주소지를 취득 농지 및 임야 소재지 시·군·자치구, 그 지역과 연접한 시·군·자치구 또는 농지 및 임야 소재지로부터 30킬로미터 이내의 지역 외의 지역으로 이전하는 경우, 둘째, 귀농 일부터 3년 이내에 「농업·농촌 및 식품산업 기본법」 제3조 제1호에 따른 농업 외의 산업에 종사하는 경우(「농업·농촌 및 식품산업 기본법」 제3조 제8호에 따른 식품산업과 농업을 겸업하는 경우는 제외), 셋째, 농지의 취득일부터 2년 이내에 직접 경작하지 아니하거나 임야의 취득일부터 2년 이내에 농지의 조성을 개시하지 아니하는 경우, 넷째, 직접 경작한 기간이 3년 미만인 상태에서 매각·증여하거나 다른 용도로 사용하는 경우이다(지방세특례제한법 제6조 제4항).

3. 어선과 어업권에 대한 취득세 등 감면

어업 및 양식업을 주업으로 하는 사람 중 '거주 어업종사자' 또는 「농어업경영체 육성 및 지원에 관한 법률」 제10조에 따른 후계 어업경영인 및 청년창업형 후계 어업경영인이 '소정기준'에 따라 직접 어업을 영위하기 위하여 취득하는 어업권, 양식업권 및 어선(20톤 미만의 소형어선은 제외)에 그리고 건축물에 대해서는 취득세의 50%를 경감한다.

어업이란 「양식산업발전법」 제43조 제1항 제1호에 따른 육상 해수양식어업, 「내수면어업법」 제11조 제2항에 따른 육상 양식어업, 「수산종자산업육성법」에 따른 육상 수조식 수산 종자생산업 및 육상 축제식 수산종자생산업을 말한다(지방세특례제한법 제9조 제1항). 그리고 20톤 미만의 소형어선에 대해서는 취득세와 재산세 및 「지방세법」 제146조 제3항에 따른 지역자원시설세를 면제한다(지방세특례제한법 제9조 제2항).

어업을 주업으로 하는 사람 중 '거주 어업종사자'는 두 가지가 있다. 첫째는 어업권·양식업권 또는 어선을 취득하여 그 취득세를 경감 받으려는 사람으로서 어선 선적지 및 어장·양식장에 잇닿아 있는 연안이 속하는 특별자치시·특별자치도·시·군·자치구가 아닌 구 지역(그 지역과 잇닿아 있는 다른 시·군·구 지역을 포함)에 거주하며 어선 또는 어장·양식장을 소유하는 사람과 그 배우자(동일한 세대별 주민등록표에 기재되어 있는 경우로 한정) 중에서 1명 이상이 직접 어업(양식업을 포함)에 종사하는 사람이다(지방세특례제한법시행령 제5조 제1항 1호).

둘째는 지목이 양어장인 토지 또는 따른 수조를 취득하여 그 취득세를 경감 받으려는 사람으로서 해당 토지 또는 수조가 소재한 특별자치시·특별자치도·시·군·자치구 아닌 구 지역(그 지역과 잇닿아 있는 다른 시·군·구 지역을 포함)에 거주하면서 지목이 양어장인 토지를 소유하거나 임차한 사람과 그 배우자(동일한 세대별 주민등록표에 기재되어 있는 경우로 한정) 중에서 어업(양식업을 포함)을 전업으로 하는 사람이다.

다만, 직전 연도 어업 외의 종합소득금액(어업에서 발생하는 소득, 부동산임대소득 및 농가부업소득을 제외)이 3천7백만 원 이상인 사람은 제외한다(지방세특례제한법시행령 제5조 제1항 2호).

'소정기준'에는 세 가지가 있다. 첫째, 어업권·양식업권 또는 어선을 취득하는 사람의 주소지가 어선 선적지 및 어장·양식장에 잇닿아 있는 연안이 속하는 특별자치시·특별자치도·시·군·자치구가 아닌 지역(그 지역과 잇닿아 있는 다른 시·군·구 지역을 포함)일 것, 둘째, 지목이 양어장인 토지 또는 수조를 취득하는 사람의 주소지가 해당 토지 또는 수조가 소재한 특별자치시·특별자치도·시·군·자치구 외의 구 지역(그 지역과 잇닿아 있는 다른 시·군·구 지역을 포함)일 것, 셋째, 어업권·양식업권은 새로 취득하는 어장·양식장과 소유 어장·양식장의 면적을 합하여 10헥타르 이내, 어선은 새로 취득하는 어선과 소유 어선의 규모를 합하여 30톤 이내, 지목이 양어장인 토지는 새로 취득하는 지목이 양어장인 토지와 기존에 소유하고 있던 지목이 양어장인 토지의 면적을 합하여 1만 제곱미터 이내일 것이다(이 경우 초과부분이 있을 때에는 그 초과부분만을 경감대상에서 제외한다.)(지방세특례제한법시행령 제5조 제2항).

4. 농업 기계 등의 취득세 면제

농업용(영농을 위한 농산물 등의 운반에 사용하는 경우 포함)에 직접 사용하기 위한 자동경운기 등 「농업기계화 촉진법」에 따른 농업기계에 대해서는 취득세를 면제한다(지방세특례제한법 제7조 제1항). 농업용수의 공급을 위한 관정시설(管井施設)에 대해서는 취득세와 재산세를 면제한다(지방세특례제한법 제7조 제2항).

「농업기계화 촉진법」 제2조 제1호를 보면 농업기계란 농림 축산물의 생산에 사용되는 기계, 설비 및 그 부속 기자재, 농림 축산물과 그 부산물의 생산 후 처리작업에 사용되는 기계, 설비 및 그 부속 기자재, 농림 축산물 생산시설의 환경 제어와 자동화에 사용되는 기계, 설비 및 그 부속 기자재, 그 밖에 「농어업·농어촌 및 식품산업 기본법」 제3조 제1호 가목에 따른 농업과 같은 조 제8호에 따른 식품산업(농림 축산물을 보관, 수송 및 판매하는 산업은 제외)에 사용되는 기계, 설비 및 그 부속 기자재라고 규정하고 있다(지방세운영과-3535, 2013.12.30.).

지열 냉난방설비 또는 주요 부품인 히트펌프가 농업용으로 사용되는 경우라면「농업기계화 촉진법」제2조 제1호에 포함되어 농업기계에 해당되는 것(농림축산식품부 식량산업과-4110,2013.12.26)으로 취득세 면제대상이다.

다만, 해당 제품이 농업 외 산업 또는 공장용 등으로 사용될 경우에는 농업기계로 볼 수 없으므로 취득세를 면제할 수 없다(지방세운영과-3535, 2013.12.30.). 농업용에 직접 사용하기 위한 자동경운기 등 농기계류에 대해서는 취득세 비과세되는 것이나, 비록 농산물을 운반한다 하더라도 화물자동차를 취득한 경우에는 과세된다(세정22670-8100, 1988.7.25.).

농림어업 법인에 대한 조세감면

2

Chapter

Agricultural Accounting

Chapter 2

농림어업 법인에 대한 조세감면

제1절 영농조합 법인에 대한 조세 감면

1. 영농조합 법인에 대한 법인세 감면

1) 법인세 감면의 내용

영농조합 법인에 대한 법인세를 면제하는 것은 농업의 안정을 도모하고 그 경쟁력을 높이려는데 취지가 있다(조심2014부2242, 2014.6.30.). 영농조합 법인에 대해서는 2023년 12월 31일 이전에 끝나는 과세연도까지 식량작물재배업(곡물 및 기타 식량작물재배업)에서 발생하는 소득은 전액 면제한다(조세특례제한법 제66조 제1항). 조심할 것은 영농조합 법인의 조합원이 농업인이 아닌 경우 법인세 감면을 받을 수 없다는 점이다(조심2014부2242, 2014.6.30.).

식량작물재배업(곡물 및 기타 식량작물재배업)에서 발생하는 소득 외의 소득은 일부만 법인세를 면제한다(조세특례제한법 제66조 제1항, 조세특례제한법 시행령 제63조 제1항).

첫째는 식량작물재배업 외의 작물재배업에 발생하는 소득은 조합원 1인당 매출 6억 원까지만 면제한다(조세특례제한법 시행령 제63조 제1항 1호).

$$\text{식량작물재배업 외의 작물재배업에서 발생하는 소득금액} \times \frac{\text{6억 원} \times \text{조합원 수}}{\text{식량작물재배업 외의 작물재배업에서 발생하는 수입금액}}$$

예를 들어 조합원 수가 5명이고 기타작물재배업의 매출이 25억 원이면 소득금액에 대한 법인세가 전액 면제된다. 매출이 60억 원이면 반만 면제된다.

둘째는 작물재배업에서 발생하는 소득을 제외한 소득은 조합원 1인당 1,200만원만 면제한다(조세특례제한법 시행령 제63조 제1항 2호).

1천200만 원 × 조합원 수

조합원 1인당 1천 2백만 원의 소득까지는 법인세가 면제된다.

2) 감면대상 소득

(1) 작물재배업과 기타의 소득

면제되는 소득은 작물재배업과 기타의 소득으로 나누어진다. 법인세 면제대상이 되는 작물재배업 소득은 작물재배업과 최소한의 유사성이 있는 사업에서 발생하여야 한다(조심2010중1664, 2010.12.31.). 농업회사법인이 농작물재재보험에 가입한 후 농업재해로 인해 발생한 식량작물재배손실로 보상받는 보험금은 법인세가 면제되는 식량작물재배업소득에 해당한다(법인세제과-692, 2020.5.28.).

법인세가 면제되는 소득은 농업의 경영 및 부대사업, 농업에 관련된 공동이용시설의 설치·운영, 농산물의 공동출하·가공 및 수출, 농작업의 대행에 준하는 사업이거나 협업적 농업경영을 통한 생산성 증대라는 영농조합법인의 목적달성에 직접적으로 필요한 사업이어야 한다(조심2012부1484, 2012.9.6.).

사료 제조업을 영위하는 영농조합 법인이 조합원들이 기른 한우를 직접 판매하고 정육식당을 운영하는 것 같이 조합원이 기른 한우를 영농조합 법인이 구매하여 직매장에서 판매하여 발생하는 소득은 법인세를 일부 면제하는 '작물재배업에서 발생하는 소득 외의 소득'에 해당된다(서면법인-672, 2020.4.10.).

영농조합 법인이 경작하던 농지가 수용되어 지방자치단체로부터 지급받은 영농손실보상금은 법인세가 면제되는 농업소득에 해당한다(법인세제과-335, 2014.5.20.).

(2) 감면이 되지 않는 소득

법인세를 일부 면제하는 작물재배업에서 발생하는 소득 외의 소득에는 영농조합 법인이 농어촌 관광 휴양사업에 해당하지 않는 음식업이나 숙박업을 영위하여 발생하는 소득은 포함되지 않는다(서면법인-672, 2020.4.10.).

영농조합 법인이 조합원 외의 농업인, 농업협동조합으로 부터 구입한 산지농산물을 가공·유통하는 사업은 법인세가 면제되는 농업소득 외의 소득에 해당한다(법인세제과-608, 2014.8.22.).

축산업을 영위하는 영농조합 법인이 식당을 운영하면서 발생하는 소득은 '농업소득 외의 소득'에 속하는 '영농조합법인의 목적을 달성하기 위하여 정관에서 정하는 사업'에 해당하지 아니한다(법인세과-696, 2010.7.21.).

주유소 도·소매업은 영농조합법인의 사업의 범위에 포함되지 않는다(농림수산식품부 경영인력과-2255, 2008.9.11.). 주유소 사업은 법인세의 일부 면제 대상인 농업소득 외의 소득으로 보기 어렵다(국세청 법규과-4880, 2008.11.20. 참조).

주차장 운영업의 경우 작물재배업과 유사성이 있다고 보기 어려워 법인세가 일부 면제되는 '농업소득 외의 소득'에 해당하지 아니한다(조심 2010중1664, 2010.12.31.).

국가 등으로부터 받는 보조금과 자산수증이익이나 기타 이자수익, 장려금, 후원금 등은 법인세가 면제되는 소득에 해당하지 않는다(법인세제과-346, 2011.4.21.). 감면대상 소득계산 시 이자수익·유가증권처분이익·유가증권처분손실 등은 포함하지 아니한다(조세특례제한법 기본통칙 6-0…2).

3) 감면의 신청

법인세를 면제받으려는 영농 조합법인은 과세표준 신고와 함께 세액면제신청서 및 면제세액계산서와「농어업경영체 육성 및 지원에 관한 법률」제4조에 따른 농어업경영 체 등록(변경등록) 확인서를 납세지관할세무서장에게 제출하여야 한다. 다만, 납부할 법인세가 없는 경우에는 그러하지 아니하다(조세특례제한법시행령 제63조 제7항).

4) 중소기업 감면과의 중복적용

영농조합 법인이 중소기업에 해당되는 경우 농업소득이외의 소득에 대하여는「조세특례제한법」의 중소기업에 대한 특별세액감면과 영농조합 법인의 일부 면제규정을 동시에 적용 받을 수 있다(법인세과-127, 2014.3.21.).

2. 영농 조합법인 배당에 대한 소득세 감면

1) 감면의 내용

「농어업경영 체 육성 및 지원에 관한 법률」에 따른 영농 조합법인의 조합원이 동 영농조합 법인으로부터 2023년 12월 31일까지 받는 배당소득 중 곡물 및 기타 식량작물재배업에서 발생하는 소득에서 발생한 배당소득에 대해서는 소득세를 전액 면제한다(조세특례제한법 제66조 제2항).

그러나 다른 소득에서 발생한 배당소득의 경우에는 법인세가 면제되는 소득에서 발생한 배당소득의 경우에는 그 배당소득 전액에 대하여 소득세를 면제하고, 법인세가 면제되는 소득을 제외한 소득에서 발생한 배당소득의 경우에는 그 배당소득 중 과세연도별로 1천 200만 원이하의 금액만 면제한다(조세특례제한법시행령 제63조 제2항).

영농조합 법인이 조합원에게 지급하는 배당소득 중 소득세가 면제되는 금액을 제외한 배당소득으로서 2023년 12월 31일까지 받는 소득에 대한 소득세의 원천징수세율은 100분의 5로 하고, 이에 대해서는 개인지방소득세를 부과하지 아니하며, 그 배당소득은 종합소득과세표준에 합산하지 아니한다(조세특례제한법 제66조 제3항).

영농조합법인의 출자자인 조합원이 해산으로 인하여 받는 의제배당소득도 「조세특례제한법」 제66조의 과세특례를 적용한다(원천세과-116, 2009.1.9.).

2) 면제의 신청

배당소득에 대한 소득세를 면제받으려는 자는 해당 배당소득을 지급받는 때에 세액면제신청서를 영농 조합법인에 제출하여야 한다. 이 경우 영농 조합법인은 배당금을 지급한 날이 속하는 달의 다음 달 말일까지 조합원이 제출한 세액면제신청서와 해당 영농 조합법인의 「농어업경영체 육성 및 지원에 관한 법률」 제4조에 따른 농어업경영 체 등록(변경등록) 확인서를 원천징수관할세무서장에게 제출하여야 한다(조세특례제한법시행령 제63조 제8항).

3) 소득의 구분

식량 작물재배에서 발생한 배당소득과 기타 소득의 구분계산이 필요하다. 이러한 배당소득의 구분은 각 배당 시마다 계산한다. 이 경우 각 소득금액은 배당확정일이 속하는 사업연도의 직전 사업연도에 해당하는 분으로 하며, 각 소득금액이 음수인 경우에는 영으로 본다(조세특례제한법 시행령 제63조 제3항).

첫째, 식량 작물재배업 소득에서 발생한 배당소득은 영농 조합법인으로부터 지급받은 배당소득에 총 소득금액에서 식량 작물재배업에서 발생하는 소득금액이 차지하는 비율을 곱하여 계산한다(조세특례제한법 시행령 제63조 제3항 1호).

둘째, 식량재배업 외의 법인세가 면제되는 소득에서 발생한 배당소득은 영농조합 법인으로부터 지급받은 배당소득에 총 소득금액에서 동 법인세가 면제되는 소득금액이 차지하는 비율을 곱하여 계산한다(조세특례제한법 시행령 제63조 제3항 2호).

셋째, 기타의 소득은 영농조합 법인으로부터 지급받은 배당소득 중 첫째와 둘째를 제외한 나머지이다(조세특례제한법 시행령 제63조 제3항 3호).

3. 영농조합 법인 출자에 대한 양도세 감면

1) 감면의 개요

농업인이 2023년 12월 31일 이전에 농지 또는「초지법」에 따른 초지를 영농조합 법인에 현물출자 함으로써 발생하는 소득에 대해서는 양도소득세를 면제(현물출자와 관련하여 영농조합 법인이 인수한 채무가액은 제외)한다(조세특례제한법 제66조 제4항).

또한 농업인이 2023년 12월 31일 이전에 영농조합 법인에「농어업·농어촌 및 식품산업 기본법」 제3조 제1호 가목에 따른 농작물재배업·축산업 및 임업에 직접 사용되는 부동산을 현물출자 하는 경우에는 이월과세를 적용받을 수 있다.

양도소득세를 감면받는 경우에는 이 규정이 적용되지 않는다(조세특례제한법 제66조 제7항).

〈표 11〉 영농조합 법인 출자의 양도소득세 감면요건

• 농업인이 농지 또는 초지를 영농조합 법인에 현물출자 시 양도소득세 면제 • 농업인이란 농지 등에 거주하면서 직접 경작한 자(1천 제곱미터 이상의 농지 경작, 농산물의 연간 판매액이 120만 원 이상인 사람, 1년 중 90일 이상 농업에 종사하는 사람, 영농조합법인 또는 농업회사법인의 농산물 출하, 유통, 가공, 수출활동에 1년 이상 계속하여 고용된 사람)

2) 감면대상 농지

양도소득세가 면제되는 농지는 전답으로서 지적공부상의 지목에 관계없이 실제로 경작에 사용되는 토지와 그 경작에 직접 필요한 농막, 퇴비사, 양수장, 지소, 농로, 수로 등에 사용되는 토지로 한다(조세특례제한법 시행령 제63조 제5항).

다만, 제66조 제4항 각호의 1에 해당하는 농지를 제외한다. 이에 대하여는 자경농지 양도소득세 감면을 참고하기 바란다(조세특례제한법시행령 제63조 제5항).

축사와 그에 부수되는 토지를 현물출자 하는 경우에는 양도소득세가 면제되지 않는다(법인46012-1171, 1998.5.7.). 축사관련 잡종지 및 임야를 현물출자 하는 경우에는 적용받을 수 없다(법인46012-590, 1995.3.3.).

3) 감면대상 농민

(1) 농업인 범위

감면대상인 농업인은 농업에 종사하는 농업인으로 농지 등에 거주하면서 직접 경작한 자이다(조세특례제한법시행령 제63조 제4항). 농업인이란 농업을 경영하거나 이에 종사하는 자인데 5가지로 나누어지는데 어느 하나에 해당하면 된다(조세특례제한법시행령 제63조 제4항, 농어업·농어촌 및 식품산업 기본법 제3조 제2호).

첫째, 1천 제곱미터 이상의 농지를 경영하거나 경작하는 사람이다(농어업·농어촌 및 식품산업 기본법 시행령 제3조 제1항 제1호). 여기서 농지에는 「농어촌정비법」 제98조에 따라 비 농업인이 분양받거나 임대받은 농어촌 주택 등에 부속된 농지는 제외한다(농어업·농어촌 및 식품산업 기본법 시행령 제3조 제1항 제1호).

둘째, 농업경영을 통한 농산물의 연간 판매액이 120만 원 이상인 사람이다(농어업·농어촌 및 식품산업 기본법 시행령 제3조 제1항 제2호).

셋째, 1년 중 90일 이상 농업에 종사하는 사람이다(농어업·농어촌 및 식품산업 기본법 시행령 제3조 제1항 제3호).

넷째,「농어업경영체 육성 및 지원에 관한 법률」제16조 제1항에 따라 설립된 영농조합법인의 농산물 출하, 유통, 가공, 수출활동에 1년 이상 계속하여 고용된 사람이다(농어업·농어촌 및 식품산업 기본법 시행령 제3조 제1항 제4호).

다섯째,「농어업경영체 육성 및 지원에 관한 법률」제19조 제1항에 따라 설립된 농업회사법인의 농산물 유통, 가공, 판매활동에 1년 이상 계속하여 고용된 사람이다(농어업·농어촌 및 식품산업 기본법 시행령 제3조 제1항 제5호).

(2) 재촌 경작 요건

농업에 종사한다고 모두 인정되는 것은 아니다. 농지에 거주하면서 직접 경작하고 출자하여야 한다.

첫째, 현물출자 하는 농지, 초지 또는 부동산이 소재하는 시(특별자치시와「제주특별자치도 설치 및 국제자유도시 조성을 위한 특별법」제15조 제2항에 따른 행정시를 포함), 군, 자치구인 구에 거주하는 경우이다.

둘째, 이와 연접한 시(특별자치 시와「제주특별자치도 설치 및 국제자유도시 조성을 위한 특별법」제15조 제2항에 따른 행정시를 포함한다.), 군, 자치구인 구에 거주하는 경우이다.

셋째, 해당 농지, 초지 또는 부동산으로부터 직선거리 30킬로미터 이내에 거주하는 경우이다(조세특례제한법시행령 제63조 제4항). 양도소득세를 감면받거나 이월과세를 적용받으려면 4년 이상 직접 경작한 자이어야 한다(조세특례제한법시행령 제63조 제4항).

이 경우 피상속인과 그 배우자 또는 거주자 각각의 사업소득금액(농업·임업에서 발생하는 소득, 부동산임대업에서 발생하는 소득과 농가부업소득은 제외한다.)과 총급여액의 합계액이 3천700만 원 이상인 과세기간이 있는 경우 그 기간은 해당 피상속인 또는 거주자가 경작한 기간에서 제외한다(조세특례제한법시행령 제63조 제14항).

4) 감면의 신청

이에 의하여 양도소득세를 면제받거나 이월과세를 적용받고자 하는 자는 과세표준 신고와 함께 세액면제신청서 또는 이월과세적용신청서에 해당 영농조합법인의 「농어업경영 체 육성 및 지원에 관한 법률」 제4조에 따른 농어업경영 체 등록(변경등록) 확인서와 현물출자계약서 사본을 첨부하여 납세지관할세무서장에게 제출하여야 한다. 이 경우 이월과세적용신청서는 영농조합법인과 함께 제출하여야 한다(조세특례제한법 시행령 제63조 제10항).

5) 감면세액의 추징

(1) 양도소득세를 면제받은 경우의 추징

양도소득세를 면제받은 자가 그 출자지분을 출자 일부터 3년 이내에 다른 사람에게 양도하는 경우에는 면제받은 세금이 추징되며 그 양도일이 속하는 과세연도의 과세표준 신고를 할 때 납부하여야 한다(조세특례제한법 제66조 제5항).

세액의 추징은 농지를 현물 출자하기 전에 자경하였던 기간과 현물 출자 후 출자 지분 양도 시까지의 기간을 합한 기간이 8년 미만인 경우에만 한다(조세특례제한법시행령 제63조 제6항).

이 경우 상속받은 농지의 경작기간을 계산할 때 상속인이 상속받은 농지를 1년 이상 계속하여 경작하는 경우(현물출자 하는 농지 등이 소재하는 시·군·구, 그와 연접한 시·군·구 또는 해당 농지 등으로부터 직선거리 30킬로미터 이내에 거주하면서 경작하는 경우를 말한다.)에는 직전 피상속인이 취득하여 경작한 기간과 피상속인이 배우자로부터 상속받아 경작한 사실이 있는 경우에는 피상속인의 배우자가 취득하여 경작한 기간을 상속인이 경작한 기간으로 본다(조세특례제한법시행령 제63조 제6항).

다만 피상속인과 그 배우자 또는 거주자 각각의 사업소득금액(농업·임업에서 발생하는 소득, 부동산임대업에서 발생하는 소득과 농가부업소득은 제외한다.)과 총급여액의 합계액이 3천700만 원 이상인 과세기간이 있는 경우 그 기간은 해당 피상속인 또는 거주자가 경작한 기간에서 제외한다(조세특례제한법시행령 제63조 제14항).

양도소득세를 면제받은 후 출자일로부터 3년 이내에 영농조합 법인이 다른 영농조합 법인에 흡수 합병된 경우에도 추징된다(재산세과-879, 2009.11.27.).

그러나 양도소득세를 면제받은 후 그 출자지분을 3년 내 종교재단에 증여하는 경우는 양도에 해당하지 않으므로 추징규정이 적용되지 않는다(서면5팀-519, 2008.3.13.).

농지를 현물출자 함으로써 발생한 소득에 대하여 양도소득세의 면제를 적용받은 자가 소유권이전등기 말소 등의 원인으로 인하여 현물출자 등기한 해당 농지의 소유권을 환원 받는 것은 면제세액 추징사유에 해당하지 아니한다(재일46014-2582, 1995.9.30.).

납부하여야 하는 세액은 당해 농지에 대한 감면세액에 총출자지분에서 3년 이내에 양도한 출자지분이 차지하는 비율을 곱하여 계산한다(조세특례제한법시행령 제63조 제6항). 세금이 추징되는 경우 이자 상당액도 가산하여 납부한다(조세특례제한법 제66조 제6항).

이자상당액은 납부하여야 할 세액에 상당하는 금액에 당초 현물출자한 농지 등에 대한 양도소득세 예정신고 납부기한의 다음 날부터 세액의 납부 일까지의 기간에 1일 10만분의 22를 곱하여 계산한 금액이다(조세특례제한법시행령 제63조 제9항).

(2) 이월과세의 추징

농지와 초지이외의 부동산 이월과세를 적용받은 농업인이 현물출자로 취득한 주식 또는 출자지분의 50% 이상을 출자 일부터 3년 이내에 처분하는 경우에는 처분일이 속하는 달의 말일부터 2개월 이내에 이월과세액(해당 「농어업경영 체 육성 및 지원에 관한 법률」에 따른 영농조합 법인이 이미 납부한 세액을 제외한 금액을 말한다.)을 양도소득세로 납부하여야 한다(조세특례제한법 제66조 제9항).

납부할 양도소득세는 해당 부동산을 현물출자하기 전에 직접 사용하였던 기간과 현물출자 후 주식 또는 출자지분의 처분 일까지의 기간을 합한 기간이 8년 미만인 경우에 납부한다.

이 경우 상속받은 부동산의 사용기간을 계산할 때 피상속인이 사용한 기간은 상속인이 사용한 기간으로 본다(조세특례제한법시행령 제63조 제13항).

여기서 처분은 유상이전, 무상이전, 유상감자 및 무상 감자(주주 또는 출자자의 소유주식 또는 출자 지분 비율에 따라 균등하게 소각하는 경우는 제외한다.)를 포함한다(조세특례제한법 제66조 제10항, 조세특례제한법시행령 제63조 제12항, 제28조 제10항).

이 경우 이자상당액을 가산한다(조세특례제한법 제66조 제10항). 이자상당액은 납부하여야 할 세액에 상당하는 금액에 당초 현물출자 한 농지 등에 대한 양도소득세 예정신고 납부기한의 다음 날부터 세액의 납부 일까지의 기간에 1일 10만분의 22를 곱하여 계산한 금액이다(조세특례제한법시행령 제63조 제9항).

제2절 농업회사 법인의 감면

1. 농업회사 법인의 법인세 감면

1) 감면의 내용

농업회사 법인은 식량작물소득은 법인세를 전액 면제하고 기타 작물소득은 매출 50억 원이 넘지 않으면 전액 면제하며 기타소득은 50% 감면한다.

동 감면은 농업회사 법인의 중소기업 해당 여부와 관계없이 적용된다(법인세과-704, 2011.9.27.). 또한 농업소득 외의 소득에 대해서는 당해 법인이 수도권 과밀억제권역 내외의 소재 여부와 관계없이 감면받을 수 있다(법인세과-845, 2009.7.22.).

「농어업경영 체 육성 및 지원에 관한 법률」에 따른 농업회사 법인에 대해서는 2023년 12월 31일 이전에 끝나는 과세연도까지 식량작물재배업소득 전액에 대하여 법인세를 면제한다(조세특례제한법 제68조 제1항). 또한 식량작물재배업소득 외의 작물재배업에서 발생하는 소득 중 다음

금액에 대하여 법인세를 면제한다(조세특례제한법 제68조 제1항, 조세특례제한법시행령 제65조 제1항). 다만, 식량작물재배업 외의 매출이 50억 원 이하인 경우에는 전액 면제된다.

$$\text{식량작물재배업 외의 작물재배업에서 발생하는 소득금액} \times \frac{\text{50억 원}}{\text{식량작물재배업 외의 작물재배업에서 발생하는 수입금액}}$$

작물재배업에서 발생하는 소득 외의 소득 중 「농어업·농어촌 및 식품산업 기본법 시행령」 제2조에 따른 축산업과 임업에서 발생한 소득, 「농어업경영 체 육성 및 지원에 관한 법률 시행령」 제19조 제1항에 따른 농업회사법인의 부대사업에서 발생한 소득과 농산물 유통·가공·판매 및 농작 업 대행에서 발생한 소득에 대한 법인세는 4년 간 50% 감면한다(조세특례제한법 제68조 제1항, 조세특례제한법시행령 제65조 제2항).

사업 개시 일부터 5년이 되는 날이 속하는 과세연도까지 해당 사업에서 소득이 발생하지 아니하는 경우에는 5년이 되는 날이 속하는 과세연도를 최초로 소득이 발생한 과세연도로 본다(조세특례제한법 제68조 제1항).

「상법」 상 주식회사가 「농어업경영체 육성 및 지원에 관한 법률」 따른 농업회사법인의 설립요건을 갖추어 농업회사 법인으로 전환한 경우 해당 감면기간의 기산은 전환 전 법인에서 최초로 소득이 발생한 과세연도를 기준으로 한다(법인세과-368, 2012.6.8.).

출자총액이 80억 원을 초과하고 출자총액 중 「농어업경영체 육성 및 지원에 관한 법률」 제2조 제1호에 따른 농업인 및 「농업·농촌 및 식품산업 기본법」 제3조 제4호에 따른 농업 관련 생산자단체의 출자 지분 합계의 비중이 50% 미만인 농업회사 법인이 도·소매업 및 서비스업(작물재배 관련 서비스업은 제외)에서 발생한 소득은 제외한다(조세특례제한법시행규칙 제26조).

2) 감면 대상의 범위

(1) 감면되지 않는 소득

농업과 관련이 없는 농지 분양 매출 및 농지 분양 대행수수료, 찜질방 이용료 수입은 농업소득 외의 소득에 해당되지 아니하여 감면되지 않는다(법인세제과-218, 2006.3.17.).

고정자산과 관련된 수익이나 영업외 수익도 감면대상이 아니다. 농업회사 법인이 보유하고 있는 토지, 건물, 기계장치 등 고정자산을 양도함으로 인해 발생하는 소득은 감면되는 '농업소득 외의 소득'에 해당되지 아니한다(법인세제과-425, 2010.6.3.). 농업회사 법인이 부동산 수용에 따라 받는 보상수익은 감면되는 '농업소득외의 소득'에 해당하지 아니한다(법인세과-196, 2010.3.8.).

감면대상 소득계산 시 이자수익·유가증권처분이익·유가증권처분손실 등은 포함하지 아니한다(조세특례제한법 기본통칙 6-0…2). 농업회사 법인이 농업소득에서 발생한 매출채권 지연회수 시 받는 연체이자 상당액은 수입이자로서 농업소득구분 경리 시 농업 외 소득의 개별익금에 해당한다(서면2팀-839, 2005.6.17.).

(2) 감면대상 작물 재배업

① 농업과 작물재배업의 업종분류

작물재배업은 「통계법」 제22조에 따라 통계청장이 고시하는 한국표준산업분류의 업종분류에 따른다(법인세과-466, 2011.7.13.). 농업은 '농업, 임업 및 어업'으로 분류되고 농업은 '농업 및 관련 서비스업'으로 분류된다. 농업 및 관련 서비스업은 작물재배업, 축산업, 작물재배 및 축산 복합농업, 작물재배 및 축산관련 서비스업과 수렵 및 수렵관련 서비스업이 포함된다.

통계분류상 작물재배업이란 "노지 또는 특정 시설 내에서 식량작물, 과실, 음료용 및 향신용 작물, 채소 및 화훼작물, 공예작물 등의 각종 농작물을 재배하여 생산하는 산업 활동을 말한다.

여기에는 임업 이외의 수목재배활동 및 산림용 이외의 묘목·종자생산과 버섯재배, 콩나물 재배활동이 포함된다." 묘목 및 종자생산이 별도로 나열되고 있다. 한편 작물재배관련 서비스업으로 수수료 또는 계약에 의하여 작물재배 서비스를 주로 제공하는 산업 활동이 있다.

통계분류상 작물재배업(growing of corps)은 노지 또는 특정 시설 내에서 작물 및 종자를 재배·생산하는 산업 활동을 말한다. 버섯, 송로, 딸기 및 견과 등의 식용 야생식물 채취활동은 임업으로 분류된다.

다음과 같이 분류된다.

〈표 12〉 작물재배업의 분류

분 류	내 용	세 분류	내 용
곡물 및 기타 식량작물 재배업		곡물 및 기타 식량작물 재배업	곡물작물, 식량용 뿌리작물 및 기타 식량작물을 재배하는 산업 활동을 말한다. 〈제외〉 • 작물의 종묘 생산(0112) • 시설작물 재배(0115) • 사료용 작물을 재배하거나 곡물작물을 사료용으로 재배(01140) • 과실, 견과(낙화생 제외), 음료용 또는 향신용 작물의 재배(0113) 〈예시〉 • 벼, 보리, 밀, 수수 재배 • 감자, 고구마 재배 • 메밀 재배 • 옥수수, 콩, 녹두 재배
채소, 화훼작물 및 종묘 재배업	노지에서 채소작물, 화훼작물을 재배하거나 노지 또는 시설에서 각종의 종자 및 종묘를 생산하는 산업 활동을 말한다.	채소작물 재배업	노지에서 각종 채소작물을 재배하는 산업 활동을 말한다. 노지에서 깻잎 등과 같이 채소로 사용하기 위하여 각종 작물을 재배하는 경우에도 여기에 분류된다. 〈제외〉 • 채소작물의 종자 및 묘목 생산 (01123) • 커피, 코코아, 차, 겨자, 붉은 고추

분 류	내 용	세 분류	내 용
			등의 음료용 또는 향신용 작물 재배(01132) • 딸기 노지 재배(01131) • 콩나물, 버섯 및 기타 채소작물의 시설재배(0115) 〈예시〉 • 풋마늘 및 풋고추 재배 • 파 및 양파 재배 • 아스파라거스 재배 • 참외, 수박 및 멜론 재배 • 잎 및 열매채소 재배
		화훼작물 재배업	노지에서 화초, 잔디, 관상수 등과 같은 장식, 관상, 조원 및 조경용의 수목·꽃·풀 등을 재배하는 산업 활동을 말한다. 〈제외〉 • 화훼작물의 종자 및 묘목 생산(01123) • 화훼작물의 시설재배(0115) • 공원에 화훼작물 식재 및 관리 활동(7430) 〈예시〉 • 정원수 재배 • 조원용 풀 재배 • 절화용 화초 재배 • 분재 재배

분 류	내 용	세 분류	내 용
		종자 및 묘목 생산업	노지 또는 시설에서 각종 농작물의 종자, 버섯종균, 묘목을 생산하는 산업 활동을 말한다. 〈제외〉 • 육림용의 종자 및 묘목 생산(02011) 〈예시〉 • 채소, 화초, 과수 종자 생산 • 채소, 화초, 과수 묘목 생산 • 버섯 종균 생산 • 접수 및 삽수 묘목 생산 • 화초 종근 생산 • 벼 모판 생산
과실, 음료용 및 향신용 작물 재배업	노지에서 딸기, 견과(낙화생 제외)를 포함한 각종 과실작물과 커피, 차, 생강 등의 음료용 또는 향신용 작물을 재배하는 산업 활동을 말한다. 〈제외〉 • 시설 내에서 과실, 음료용 및 향신용 작물을 재배	과실작물 재배업	노지에서 딸기, 견과(낙화생 제외)를 포함한 각종 과실작물을 재배하는 산업 활동을 말한다. 〈제외〉 • 호프 재배(01140) • 낙화생 재배(01140) • 유지(기름추출용) 작물 재배(01140) • 멜론, 수박, 토마토 및 기타 열매채소 노지재배(01121) 〈예시〉 • 밤, 호도 및 대추 재배 • 복숭아, 포도 및 감귤 재배 • 바나나 재배 • 키위 및 망고스틴 재배 • 무화과 재배

분 류	내 용	세 분류	내 용
	하는 경우 (0115)	음료용 및 향신용 작물 재배업	노지에서 음료용 또는 향신용 작물을 재배하는 산업 활동을 말한다. 〈제외〉 • 커피, 차류 가공(10791 또는 10792) • 향신료 가공(1074) 〈예시〉 • 고추(풋고추 제외) 재배 • 생강 재배 • 정향 재배 • 녹차용 작물 재배 • 커피 재배 • 코코아 재배
기타 작물 재배업		기타 작물 재배업	노지에서 약용작물, 사료작물, 기름 추출용 작물 및 공업용 원료작물 등 달리 분류되지 않은 기타 작물을 재배하는 산업 활동을 말한다. 〈제외〉 • 곡물 및 기타 식량 작물 생산 (01110) • 음료용 및 향신용 작물 재배(01132) • 작물 배양 생산(01159) 〈예시〉 • 인삼 재배 • 호프 재배 • 섬유작물 재배 • 비 및 솔 제조용 작물 재배

<table>
<tr><th>분 류</th><th>내 용</th><th>세 분류</th><th>내 용</th></tr>
<tr><td></td><td></td><td></td><td>• 유지작물 재배
• 조물재료 작물 재배
• 낙화생 재배</td></tr>
<tr><td rowspan="3">시설 작물 재배업</td><td rowspan="3">일반적으로 노지에서 재배되는 작물을 움막, 온실, 비닐하우스, 수경재배시설, 공장 형 설비 등과 같은 특수 고정시설에서 재배하는 산업 활동을 말하며 버섯 및 콩나물을 재배하는 산업 활동이 포함된다.
〈제외〉
• 노지 또는 시설 내에서 버섯 종균 및 기타 종묘 생산(01123)</td><td>콩나물 재배업</td><td>콩나물을 재배하는 산업 활동을 말한다.</td></tr>
<tr><td>채소, 화훼 및 과실작물 시설 재배업</td><td>시설 내에서 채소, 화훼 및 과실작물을 재배하는 산업 활동을 말한다.
〈제외〉
• 음료용 및 향신용 작물 시설 재배(01159)</td></tr>
<tr><td>기타 시설작물 재배업</td><td>콩나물, 채소, 화훼 및 과실작물 이외의 각종 작물을 시설 재배하는 산업 활동을 말한다.
〈제외〉
• 화훼작물 시설 재배(01152)
• 노지 및 시설 내에서 종묘생산(01123)
• 콩나물 재배(01151)
〈예시〉
• 버섯 재배
• 작물배양 재배
• 음료용 작물 시설재배
• 공예작물 시설재배
• 향신용 작물 시설재배</td></tr>
</table>

② 식량작물재배업의 구분

농업회사법인의 종자생산 소득이 주업에서 발생한 소득에 해당하는 경우에는 농업소득에 포함하는 것이고, 부대사업에서 발생한 소득에 해당하는 경우에는 농업소득외의 소득에 해당한다(법인세과-480, 2010.5.26.).

관련된 사례는 다음과 같다.

▷ 농가에서 배추 모종을 구입, 농지를 임차한 후 직원을 고용하여 일정기간 재배하게 하고 수확하여 도매시장, 대형유통업체, 김치공장 등에 출하하는 활동은 농지를 소유하거나 임차한 후 노동인력을 채용하여 노지에서 각종 채소작물을 재배하는 것이 주된 산업 활동인 경우 채소작물 재배업이고, 농산물 판매활동을 주로 하는 사업체가 상기활동을 부수적으로 할 경우는 도매 및 소매업에 해당한다(통계청 통계기준팀-1048, 2011.5.20.).

▷ 농업회사 법인이 수입 농산물을 구입하여 가공하고 즉석섭취식품 및 곡류가공품의 제품을 만들어 판매하는 경우에는 감면되지 않는다. 예를 들어 들깨, 참깨, 검은콩, 찹쌀, 쌀, 감자전분, 엿기름, 보리 등을 농민들이 아닌 농산물 유통업체를 통하여 구입하여 들깨가루, 찹쌀가루, 부침가루, 튀김가루, 치킨가루, 미숫가루 등 최종소비자 대상 제품으로 만들어 판매하는 경우이다. 농업회사 법인이 유통업체로부터 구입한 농산물을 가공하여 판매함으로써 발생하는 소득은 법인세가 감면되는 농산물 유통·가공·판매 및 농작 업 대행에서 발생한 소득에 해당하지 않는다(사전법령법인-734, 2018.5.4.).

▷ 농업회사 법인이 냉동과일을 수입하여 국내에서 도소매로 판매하여 얻은 소득은 작물재배업에서 발생하는 소득 외의 소득에 해당하지 않는다(서면법인-470, 2020.9.2.).

▷ 농업회사 법인이 「쌀 소득 등의 보전에 관한 법률」 제4조의 규정에

의하여 지급받는 직접지불금은 법인세가 면제되는 농업소득에 해당한다(서면2팀-128, 2007.1.17.).

- 농업회사 법인이 다른 사업자로부터 양수받은 사업에서 농업회사 법인의 부대사업소득이 발생한 경우에는 농업회사 법인에 대한 법인세의 감면이 적용된다(서면2팀-1000, 2008.5.21.).
- 농협경제지주가 52.8%의 지분을 보유한 농우바이오는 2016년 약 2백억 원의 법인세 등이 추징되었다. 종자생산을 주력으로 하는 농우바이오는 작물재배업을 토대로 2010년 농업회사 법인으로 전환했다. 국세청은 국내와 해외에서 위탁 생산한 종자를 사들여 판매하는 것은 일반 도소매 사업으로 보아 농업회사법인의 면세혜택을 적용되지 않는다고 해석하여 추징하였다.
- 농업회사 법인이 무인항공을 이용하여 농업인에게 제공하는 농약·비료 살포용역에서 발생한 소득은 감면소득에 해당한다(서면법인-3216, 2020.9.11.).
- 농업회사 법인이 단순히 모종을 구입하여 농업인에게 위탁 생산한 화훼 종묘를 판매하여 얻은 소득은 식량작물재배업소득 외의 작물재배업에서 발생하는 소득에 해당하지 않는다(서면법인-853, 2020.9.21.).

(3) 감면 대상 축산업

농업회사 법인이 경주마 사육 업을 영위하면서 경주마를 매각함에 따라 발생하는 소득은 축산업에서 발생한 소득으로 본다(법인세과-1522, 2008.7.10.). 농업회사 법인의 축산물 유통·가공·판매에서 발생하는 소득은 법인세가 감면되는 '농업소득 외의 소득'에 해당하지 아니한다(법인세과-356, 2012.6.4.).

3) 감면의 신청

법인세를 면제 받으려면 과세표준 신고와 함께 세액감면신청서, 면제세액계산서와 농어업경영 체 등록확인서를 납세지관할세무서장에게 제출하여야 한다(조세특례제한법 제68조 제5항, 조세특례제한법시행령 제65조 제5항).

농업회사 법인에 대한 법인세 감면을 적용받기 위해서는 감면 적용대상 사업연도말까지 법인 명의로 농업경영체 등록을 하여야 하는 것이며, 해당 사업연도말까지 법인 명의로 농업경영체 등록을 한 경우에는 법인세 과세표준 신고기한 내에 농업경영체 등록확인서를 미제출하더라도 감면을 적용받을 수 있다(서면법령법인-6035, 2019.2.28.).

농업회사법인의 농업소득 등에 대한 법인세 감면은 법인세 과세표준을 추계결정 하는 경우와 법정신고기한을 경과하여 기한 후 신고하는 경우에는 「조세특례제한법」 제128조에서 감면을 배제한다고 규정하고 있으므로 기한 후 신고를 한 경우에 감면을 받지 못한다(조심2008전985, 2008.6.25.).

2. 농업회사 법인의 배당소득세 면제

1) 감면의 내용

「농어업경영 체 육성 및 지원에 관한 법률」에 따른 농업회사 법인에 출자한 거주자가 2023년 12월 31일까지 받는 배당소득 중 식량작물재배업소득에서 발생한 배당소득 전액에 대해서는 소득세를 면제한다(조세특례제한법 제68조 제4항).

그리고 작물재배업에서 발생하는 소득 외의 소득, 「농어업·농어촌 및 식품산업 기본법 시행령」 제2조에 따른 축산업과 임업에서 발생한 소득, 「농어업경영체 육성 및 지원에 관한 법률 시행령」 제19조 제1항에 따른 농업회사법인의 부대사업에서 발생한 소득, 「농어업경영체 육성 및 지원에 관한 법률」 제19조 제1항에 따른 농산물 유통·가공·판매 및 농작업 대행에서 발생한 소득에서 발생한 배당소득은 종합소득과세표준에 합산하지 아니한다(조세특례제한법 제68조 제4항, 조세특례제한법시행령 제65조 제3항).

식량작물재배업소득에서 발생한 배당소득과 식량작물재배업소득 외의 소득은 구분하여 계산한다. 이 경우 각 소득금액은 배당확정일이 속하는 사업연도의 직전 사업연도에 해당하는 분으로 하며, 각 소득금액이 음수인 경우 영으로 본다(조세특례제한법 제68조 제4항, 조세특례제한법시행령 제65조 제4항).

식량작물재배업소득에서 발생한 배당소득은 다음과 같이 계산한다(조세특례제한법시행령 제65조 제4항 제1호).

> 농업회사 법인으로부터 지급받은 배당소득 ×
> (식량작물재배업에서 발생하는 소득금액 ÷ 총 소득금액)

부대사업 등 소득 및 식량작물재배업 외의 작물재배업에서 발생하는 소득에서 발생한 배당소득은 다음과 같이 계산한다(조세특례제한법시행령 제65조 제4항 제2호).

> 농업회사 법인으로부터 지급받은 배당소득 × (부대사업 등 소득금액 + 식량작물재배업 외의 작물재배업에서 발생하는 소득금액) ÷ 총 소득금액

「상법」상 일반 주식회사로 설립한 법인이 「농어업경영 체 육성 및 지원에 관한 법률」 제19조에 따른 농업회사 법인으로 전환한 후 사업연도 중 「상법」 제462조의 3에 따라 중간배당을 실시한 경우, 농업소득 및 농업 이외 소득에서 발생한 배당금이란 농업회사 법인으로 변경한 이후에 해당 소득에서 발생한 이익잉여금을 재원으로 지급하는 배당금을 말한다.

따라서 세액면제신청서상의 '해당과세기간 중 농업회사 법인으로부터 지급받은 배당소득금액'은 농업회사 법인으로 변경한 이후에 발생한 이익잉여금을 한도로 계산한다(서면법규과-73, 2014.1.27.).

2) 감면의 신청

배당소득에 대한 소득세를 면제받으려는 자는 해당 배당소득을 지급받는 때에 세액면제신청서를 농업회사 법인에 제출하여야 한다.

이 경우 농업회사 법인은 배당금을 지급한 날이 속하는 달의 다음 달 말일까지 조합원이 제출한 세액면제신청서와 해당 농업회사 법인의 농어업경영 체 등록확인서를 원천징수 관할세무서장에게 제출하여야 한다(조세특례제한법 제68조 제5항, 조세특례제한법시행령 제65조 제6항).

3. 농업회사 법인 출자 양도세 감면

1) 감면의 내용

농업인이 2023년 12월 31일 이전에 농지 또는 초지를 「농지법」에 따른 농업법인의 요건을 갖춘 농업회사 법인에 현물출자 함으로써 발생하는 양도소득(현물출자와 관련하여 농업회사 법인이 인수한 채무가액 부분은 제외)에 대해서는 양도소득세를 면제한다.

다만, 해당 농지 또는 초지가 주거지역 등에 편입되거나 「도시개발법」 또는 그 밖의 법률에 따라 환지처분 전에 농지 또는 초지 외의 토지로 환지예정지 지정을 받은 경우에는 주거지역등에 편입되거나, 환지예정지 지정을 받은 날까지 발생한 소득으로서 제한됨 소득에 대해서만 양도소득세를 감면한다(조세특례제한법 제68조 제2항).

그리고 동 현물출자 감면대상 농지와 초지를 제외하고 농업인이 2023년 12월 31일 이전에 농업회사 법인에 「농업·농촌 및 식품산업 기본법」 제3조 제1호에 따른 농작물재배업, 축산업 및 임업에 직접 사용되는 부동산을 현물출자 하는 경우에는 이월과세를 적용받을 수 있다(조세특례제한법 제68조 제3항).

2) 감면대상 부동산

농지는 전, 답으로서 지적공부상의 지목에 관계없이 실제로 경작에 사용되는 토지와 그 경작에 직접 필요한 농막, 퇴비사, 양수장, 지소, 농로, 수로 등에 사용되는 토지로 한다.

다만, 제66조 제4항 각호의 1에 해당하는 농지를 제외한다. 이에 대하여는 자경농지 양도소득세 감면을 참고하기 바란다(조세특례제한법시행령 제63조 제5항).

토지를 임대하다가 현물출자 하는 경우에는 이월과세를 적용받을 수 없다(부동산거래관리과-395, 2010.3.16.).

초지란 「초지법」 제5조에 따라 초지 조성의 대상이 되는 토지의 소재지를 관할하는 시장, 군수로부터 허가를 받아서 조성된 초지를 말한다(재산세제과-158, 2013.3.12.).

그러나 양도소득세 면제대상으로 「초지법」에 따른 초지라고만 규정하고 있을 뿐, 그 면제대상을 「초지법」 제5조에 따라 초지 조성허가를 받은 초지로 제한하고 있지 않다.

농업회사 법인에 대한 과세 특례를 도입한 입법 목적은 농촌 지역의 생산 인력 부족 현상 심화에 따른 문제점을 보완하고자 협업적, 기업적 농업 경영을 할 수 있도록 농업회사 법인의 설립과 육성을 적극적으로 지원하는 데에 있다.

따라서 양도소득세 면제대상인 '초지'에 해당하는지 여부를 초지 조성 허가 유무에 따라 달리 보아야 할 이유가 없다.

「초지법」에서도 초지 조성 허가 없이 초지를 조성하는 것을 금지하는 규정이 없고, 다만 「초지법」 제5조에 따른 초지 조성 허가를 받은 경우에는 각종 허가, 인가 등을 받은 것으로 의제되며 초지의 조성에 필요한 자금의 전부 또는 일부를 보조받을 수 있는 등 여러 혜택을 부여하고 있다.

이러한 문언과 입법목적 및 「초지법」 제5조에서 초지조성허가에 관한 취지 등을 고려하여 보면, 「초지법」 제5조에 따라 토지 조성 허가를 받은 초지로 제한되는 것이 아니라 「초지법」 제2조 제1호에 따른 초지를 의미하는 것으로 보는 것이 타당하다(대법원2015두44424, 2015.10.29.).

3) 감면의 신청

동 감면을 적용받으려는 자는 감면신청을 하여야 한다(조세특례제한법 제68조 제5항).

이월과세를 적용받으려는 자는 과세표준 신고와 함께 이월과세적용신청서와 농어업경영 체 등록확인서를 납세지관할세무서장에게 제출하여야 한다. 이 경우 이월과세적용신청서는 농업회사 법인과 함께 제출하여야 한다(조세특례제한법시행령 제65조 제5항).

4) 세액의 추징

양도소득세를 면제받은 자가 그 출자지분을 출자 일부터 3년 이내에 다른 사람에게 양도하는 경우에는 면제받은 세금이 추징되며 그 양도일이 속하는 과세연도의 과세표준 신고를 할 때 납부하여야 한다(조세특례제한법 제68조 제6항에 의한 제66조 제5항 준용).

이 경우 이자 상당액을 가산하여 납부한다(조세특례제한법 제68조 제6항에 의한 제66조 제6항 준용).

이월과세를 적용받은 농업인이 현물출자로 취득한 주식 또는 출자지분의 100분의 50 이상을 출자 일부터 3년 이내에 처분하는 경우에는 처분일이 속하는 달의 말일부터 2개월 이내에 이월과세액(해당 「농어업경영체 육성 및 지원에 관한 법률」에 따른 영농조합 법인이 이미 납부한 세액을 제외한 금액을 말한다.)을 양도소득세로 납부하여야 한다(조세특례제한법 제68조 제3항에 의하여 제66조 제9항 준용).

여기서 처분은 유상이전, 무상이전, 유상감자 및 무상 감자(주주 또는 출자자의 소유주식 또는 출자 지분 비율에 따라 균등하게 소각하는 경우는 제외한다.)를 포함한다(조세특례제한법 제68조 제3항에 의하여 제66조 제10항 준용, 조세특례제한법시행령 제63조 제12항, 제28조 제10항).

제3절 어업 법인에 대한 감면

1. 어업 법인에 대한 취득세 등 감면

영어조합법인과 어업회사법인이 영어, 유통, 가공에 직접 사용하기 위하여 취득하는 부동산에 대해서는 취득세의 50%를, 과세기준일 현재 해당 용도에 직접 사용하는 부동산에 대해서는 재산세의 50%를 경감한다(지방세특례제한법 제12조 제1항).

2. 영어조합 법인에 대한 법인세 감면

1) 법인세 감면의 범위

「농어업경영 체 육성 및 지원에 관한 법률」에 따른 영어조합 법인에 대해서는 2023년 12월 31일 이전에 끝나는 과세연도까지 각 사업연도의 소득에 대하여 법인세를 일부 면제한다(조세특례제한법 제67조 제1항).

면제되는 소득은 영어조합 법인의 사업에서 발생한 소득으로서 한국표준산업분류에 따른 연근해어업과 내수면어업에서 발생하는 어로어업 소득은 연간 조합원 1인당 3천만 원, 어로어업 소득 이외의 소득은 조합원 1인 당 1천2백 원이다. 법인에 대해 1년에 조합원 1인당 금액에 조합원 수를 곱한 금액만큼이 면제되며 회계기간이 1년 미만이면 그 비율에 따라 면제된다(조세특례제한법시행령 제64조 제1항).

영어조합 법인이 조합원이 아닌 자로부터 구입한 수산물을 단순포장·판매함으로써 발생한 소득은 면제되는 소득에 해당하지 아니한다(서면법규 과-393, 2014.4.22.).

감면대상 소득계산 시 이자수익·유가증권처분이익·유가증권처분손실 등은 포함하지 아니한다(조세감면규제법 기본통칭 6-0…2).

2) 감면의 신청

법인세를 면제받으려는 영어조합법인은 과세표준 신고와 함께 세액면제신청서 및 면제세액계산서와 「농어업경영 체 육성 및 지원에 관한 법률」 제4조에 따른 농어업경영체 등록(변경등록) 확인서를 납세지관할세무서장에게 제출하여야 한다. 다만, 납부할 법인세가 없는 경우에는 그러하지 아니하다(조세특례제한법 제67조 제6항, 조세특례제한법시행령 제64조 제8항).

3. 영어조합 법인에 대한 배당소득세 감면

1) 감면의 범위

영어조합 법인의 조합원이 영어조합 법인으로부터 2023년 12월 31일까지 받는 배당소득 중 과세연도별로 1천2백만 원 이하의 금액에 대해서는 소득세를 면제한다(조세특례제한법 제67조 제2항, 조세특례제한법시행령 제64조 제2항).

영어조합 법인이 조합원에게 지급하는 배당소득 중 소득세가 면제되는 금액을 제외한 배당소득으로서 2023년 12월 31일까지 받는 소득에 대한 소득세의 원천징수세율은 5%로 하고, 이에 대해서는 개인 지방소득세를 부과하지 아니하며, 그 배당소득은 종합소득과세표준에 합산하지 아니한다(조세특례제한법 제67조 제3항).

2) 감면의 신청

배당소득에 대한 소득세를 면제받으려는 자는 해당 배당소득을 지급받는 때에 세액면제신청서를 영어조합 법인에 제출하여야 한다.

이 경우 영어조합법인은 배당금을 지급한 날이 속하는 달의 다음 달 말일까지 조합원이 제출한 세액면제신청서와 해당 영농조합법인의 「농어업경영체 육성 및 지원에 관한 법률」 제4조에 따른 농어업경영체 등록(변경등록) 확인서를 원천징수관할세무서장에게 제출하여야 한다(조세특례제한법 제67조 제6항, 제66조 제8항, 조세특례제한법시행령 제63조 제10항 제11항).

4. 어업법인 출자에 대한 양도세 감면

1) 감면의 대상

어업인이 2023년 12월 31일 이전에 어업용 토지 등을 「농어업경영체 육성 및 지원에 관한 법률」에 따른 영어조합법인과 「농어업경영체 육성 및 지원에 관한 법률」에 따른 어업회사법인에 현물출자 함으로써 발생하는 소득에 대해서는 양도소득세를 면제한다(조세특례제한법 제67조 제4항).

현물출자와 관련하여 영어조합 법인과 어업회사 법인이 인수한 채무가액에 상당하는 다음 소득은 제외한다(조세특례제한법 제67조 제4항, 조세특례제한법시행령 제64조 제12항).

$$\text{양도소득금액} \times \frac{\text{현물출자한 자산에 담보된 채무}}{\text{양도가액}}$$

어업인이란 어업인과 어업종사자를 말하는데 어업인이란 「수산업법」에 따른 어업인(어업을 경영하는 자), 어업종사자란 「수산 종자산업육성법」에 따른 수산종자생산업자(바다, 바닷가, 수산종자생산업을 목적으로 인공적으로 조성된 육상의 해수면을 이용하는 수산종자생산업자로 한정)를 말한다(조세특례제한법시행령 제64조 제3항, 수산업법 제2조).

감면의 대상은 현물출자 하는 어업용 토지 등이 소재하는 시, 군, 자치구, 그와 연접한 시, 군, 자치구 또는 해당 어업용 토지 등으로부터 직선거리 30킬로미터 이내에 거주하면서 해당 어업용 토지를 어업에 4년 이상 직접 사용한 자를 말한다.

여기서 시에는 특별자치 시와 「제주특별자치도 설치 및 국제자유도시 조성을 위한 특별법」 제10조 제2항에 따른 행정시를 말한다(조세특례제한법시행령 제64조 제3항).

어업에 직접 사용한 기간 중 해당 피상속인, 그 배우자 또는 거주자 각각의 사업소득금액(어업에서 발생하는 소득, 「소득세법」 제45조 제2항에 따른 부동산임대업에서 발생하는 소득과 같은 법 시행령 제9조에 따른 농가부업소득은 제외)과 총급여액의 합계액이 3천700만 원 이상인 과세기간이 있는 경우 그 기간은 피상속인, 그 배우자 또는 거주자가 어업에 직접 사용한 기간에서 제외한다(조세특례제한법시행령 제64조 제11항).

감면대상인 어업용 토지 등이란 「양식산업발전법」 제43조 제1항 제1호에 따른 육상해수양식어업 및 「수산종자산업육성법」 제21조 제1항에 따른 수산종자생산업(바다, 바닷가, 수산종자생산업을 목적으로 인공적으로 조성된 육상의 해수면을 이용하는 수산종자생산업으로 한정)에 직접 사용되는 토지 및 건물을 말한다(조세특례제한법시행령 제64조 제4항).

2) 감면의 신청

양도소득세의 면제신청을 하려는 자는 해당 어업용 토지 등을 양도한 날이 속하는 과세연도의 과세표준 신고와 함께 세액면제신청서에 해당 어업법인의 농어업경영 체 등록확인서와 현물출자계약서사본 1부를 첨부하여 납세지관할세무서장에게 제출(국세정보통신망에 의한 제출을 포함한다.)하여야 한다(조세특례제한법시행령 제64조 제8, 10항).

이 경우 납세지관할세무서장은「전자정부 법」제36조 제1항에 따른 행정정보의 공동이용을 통하여 해당 어업용 토지 등의 등기부등본을 확인하여야 한다(조세특례제한법시행령 제64조 제10항).

3) 감면세액의 추징

양도소득세를 면제 받은 자가 그 출자 지분을 출자 일부터 3년 이내에 다른 사람에게 양도하는 경우에는 그 양도일이 속하는 과세연도의 과세표준 신고를 할 때 감면 받은 세액을 양도소득세로 납부하여야 한다(조세특례제한법 제67조 제5항).

또한 해당 어업용 토시 등을 현물 출자하기 전에 어업에 직접 사용하였던 기간과 현물 출자 후 출자 지분 양도 시까지의 기간을 합한 기간이 8년 미만인 경우에도 납부하여야 한다(조세특례제한법시행령 제64조 제5항). 그러나「해외이주 법」에 의한 해외이주에 의하여 세대전원이 출국하는 경우에는 내지 않아도 된다(조세특례제한법시행령 제64조 제7항).

이 경우 상속 받은 어업용 토지 등을 어업에 직접 사용한 기간을 계산할 때 상속인이 상속받은 어업용 토지 등을 1년 이상 계속하여 직접 어업에 사용하는 경우(현물출자 하는 어업용 토지 등이 소재하는 시·군·구, 그와 연접한 시·군·구 또는 해당 어업용 토지 등으로부터 직선거리 30킬로미터 이내에 거주하면서 어업에 직접 사용하는 경우를 말한다.)에 한정하여 피상속인이 취득하여 직접 어업에 사용한 기간(직전 피상속인이 어업에 직접 사용한 기간으로 한정한다.)

또는 피상속인이 배우자로부터 상속받아 어업에 직접 사용한 사실이 있는 경우에는 피상속인의 배우자가 취득하여 어업에 직접 사용한 기간은 상속인이 이를 어업에 직접 사용한 기간으로 본다(조세특례제한법시행령 제64조 제5항).

납부하여야 하는 세액은 해당 어업용 토지 등에 대한 감면세액에 현물출자로 취득한 총 출자 지분 중 3년 이내에 양도한 출자지분이 차지하는 비율을 곱하여 계산한다(조세특례제한법시행령 제64조 제5항).

제4절 농업법인에 대한 취득세감면

1. 감면의 내용

농업경영정보를 등록한 농업법인(설립등기일부터 90일 이내에 농업경영정보 등록을 한 농업법인을 포함)이 영농에 사용하기 위하여 법인설립 등기일부터 2년 이내(청년 농업법인의 경우에는 4년 이내)에 취득하는 소재지가 「국토의 계획 및 이용에 관한 법률」에 따른 도시지역(개발제한구역과 녹지지역은 제외) 외의 지역에서 농지, 관계 법령에 따라 농지를 조성하기 위하여 취득하는 임야 및 제6조 제2항 각 호의 어느 하나에 해당하는 시설에 대해서는 취득세의 75%를, 농업법인의 설립등기에 대해서는 등록면허세를 각각 2023년 12월 31일까지 면제한다(지방세특례제한법 제11조 제1항, 지방세특례제한법시행령 제5조의2 제1항, 제2항).

청년 농업법인이란 대표자가 법인 설립 당시 15세 이상 34세 이하인 사람이고(「조세특례제한법 시행령」 제27조 제1항 제1호 각 목의 어느 하나에 해당하는 병역을 이행한 경우에는 6년을 한도로 그 기간을 법인 설립 당시 연령에서 빼고 계산한 연령이 34세 이하인 사람을 포함) 「법인세법 시행령」 제43조 제7항에 따른 지배주주 등으로서 해당 법인의 최대주주 또는 최대출자자인 경우를 말한다(지방세특례제한법시행령 제5조의2 제3항).

당초 주식회사로 설립된 법인을 농업회사 법인으로 변경등기를 한 경우에도 그 법인은 농업회사 법인으로 보는 것이 타당하고, 그 법인이 영농·유통·가공에 직접 사용하기 위하여 취득하는 부동산은 취득세 감면대상에 해당하는 것으로 보는 것이 타당하다(지방세특례제도과-3530, 2015.12.24.).

시설이란 양잠 또는 버섯재배용 건축물, 고정식 온실, 축사, 축산폐수 및 분뇨 처리시설, 창고(저온창고, 상온창고 및 농기계보관용 창고만 해당) 및 농산물 선별처리시설을 말한다(지방세특례제한법 제11조 제1항, 제6조 제2항 각 호).

그리고 위의 경우 외에 농업법인이 영농, 유통, 가공에 직접 사용하기 위하여 취득하는 부동산에 대해서는 취득세의 50%, 과세기준일 현재 해당 용도에 직접 사용하는 부동산에 대해서는 재산세의 50%를 각각 2023년 12월 31일까지 경감한다(지방세특례제한법 제11조 제2항).

2. 감면의 대상

1) 감면대상 용도의 사례

농업의 경영이나 농산물의 유통, 가공, 판매를 목적으로 설립된 농업회사 법인이 영농, 영어, 유통, 가공에 직접사용하기 위하여 취득하는 부동산에 대하여 지방세를 감면한다고 규정되어 있으며, 여기서 영농이라 함은 「농어업·농어촌 및 식품산업 기본법」 제3조 제1호 및 같은 법 시행령 제2조에서 규정한 농업(농산물재배업, 축산업, 임업)을 경영하는 것으로, 유통·가공과는 구별되는 개념이다(지방세운영과-2752, 2010.6.29.).

「농어업·농어촌 및 식품산업 기본법」 제3조제1호에서 농업이란 농작물재법업, 축산업(수생동물 제외), 임업 및 이들과 관련된 산업으로 정의하고 있는바, 농업법인이 운영하는 양어장은 농업법인이 영농·유통·가공에 직접 사용하기 위하여 취득하는 부동산의 범위에 포함되지 않으므로, 재산세 경감대상으로 보기 어렵다(지방세특례제도과-368, 2014.12.31.).

마육 제품의 고도화를 통한 농가의 소득증대를 위하여 마(馬) 컨트롤센터를 신축하였다 하더라도, 별도의 세제지원 규정이 없는 한 유통 및 가공시설에 직접 사용하는 부분에 한정하여 감면된다.

신축된 마 컨트롤센터 건물의 부대시설로 전시, 판매를 위한 홍보전시관 및 마 관련 상품판매장(뼈 분말, 말가죽가방, 말 태반화장품 등)은 유통시설에 직접 공여되는 면적이라 할 수 있으나, 접객시설을 갖추고 구내에서 직접 소비 할 수 있도록 음식을 조리하여 제공하는 식당이나 농산물 유통, 가공사업과 직접 관련이 없는 본사의 지원부서인 본점사무실 등에 사용되고 있는 부동산은 감면요건을 충족하지 못한다(지방세운영과-2752, 2010.6.29.).

2) 휴경의 경우

재산세 등은 당해 토지를 보유하는 동안 매년 독립적으로 납세의무가 발생하고, 따라서 과세표준도 매년 독립적으로 과세기준일 현재의 토지의 현황이나 이용 상황에 따라 구분되는 것이므로 과세기준일 현재 그 요건에 해당하지 아니하는 이상 그 요건에 해당하지 못한 데에 정당한 사유가 있는지 여부는 감면 대상 토지 해당 여부를 좌우하는 사유가 되지 못한다고 할 것(유사한 취지의 대법원 2001.5.29. 선고 99두7265 판결 등)에 비추어, 휴경한 토지에 재산세 등을 부과한 처분은 잘못이 없다(행심2007-395, 2007.7.23.).

3. 세액의 추징

정당한 사유 없이 그 취득일부터 1년이 경과할 때까지 해당 용도로 직접 사용하지 아니하는 경우, 해당 용도로 직접 사용한 기간이 3년 미만인 상태에서 매각·증여하거나 다른 용도로 사용하는 경우, 해당 용도로 직접 사용한 기간이 5년 미만인 상태에서 「농어업경영체 육성 및 지원에 관한 법률」 제20조의 3에 따라 해산명령을 받은 경우에는 그 해당 부분에 대해서는 감면된 취득세를 추징한다(지방세특례제한법 제11조 제3항).

「농어업·농어촌 및 식품산업 기본법 시행령」 제2조 제3호에서 임업은 농업에 해당한다고 규정하고 있고, 한국표준산업분류에서도 육림업을 입목을 생산하기 위하여 산림에서 나무를 심고, 가꾸고 보호하는 산업 활동이라고 정의하고 있다. 농업회사 법인이 임야에 나무식재, 관리자재 구입 및 임야관리원을 지속적으로 고용하는 등 임업에 직접 사용하고 있는 경우라면 나무식재 후 가지치기 등 체계적인 관리가 이루어지지 않았다는 이유로 그 감면세액을 추징할 수 없다(지방세운영과-555, 2010.2.5.).

제5절 농업법인 비사업용 부동산 양도세 중과

1. 비사업용 토지 매각하면 10% 중과

법인이 토지를 매각한 경우에는 법인세를 부담한다. 법인의 이익이 2억 원이하이면 10%, 2억 원 초과 200억 원이하이면 20%의 법인세를 부담한다.

그러나 토지를 매각하더라도 그 토지가 별장(농어촌주택 제외)이거나 비사업용 토지인 경우에는 추가로 20% 또는 10%의 법인세를 납부하여야한다(법인세법 제55조의2 제1항 제2호, 제3호).

예를 들어 농업법인인 경우 농지는 사업용 토지이므로 비사업용 토지가 아니다. 주의할 것은 농지 등이라 함은 지목이 아니라 실제로 농지 등으로 사용한 것을 말한다. 실제로 사용했는지 분명하지 아니한 경우에만 공부상의 등재현황에 의한다(법인세법시행령 제92조의 4).

따라서 농지를 취득하여 실제로 농업용으로 사용하지 않으면 비사업용으로 본다.

2. 비사업용 부동산의 판단

1) 판단의 기준

비사업용 토지는 토지를 소유하는 기간 중 일정 기간 동안 '비사업용으로' 사용되는 토지이다(법인세법 제55조의2 제2항).

참고로 「법인세법시행령」 제92조의 11과 「법인세법시행규칙」 제46조의 2는 부득이한 사유가 있어 비사업용토지로 보지 아니하는 토지의 판정

기준을 정하고 있으므로 부득이한 사유가 있는 경우 이를 기준으로 판단한다.

2) 5년 이상 소유한 비사업용토지의 판단

토지의 소유기간이 5년 이상인 경우에는 양도일 직전 5년 중 2년을 초과하는 기간, 양도일 직전 3년 중 1년을 초과하는 기간, 토지의 소유기간의 40%를 초과하는 기간(이 경우 기간의 계산은 일수로 한다) 모두 비사업용으로 사용된 경우이다(법인세법시행령 제92조의 3 1호).

예를 들어 토지를 6년 동안 보유하였다면 우선 양도 직전 3년 이상 농업목적으로 사용하면 업무용으로 본다. 그리고 양도 직전 3년 중 2년 이상 농업목적으로 사용하면 업무용으로 본다. 마지막으로 6년 중 60%인 3년 8개월 이상 농업목적으로 사용했다면 업무용으로 본다.

3) 3~5년 소유한 비사업용토지의 판단

토지의 소유기간이 3년 이상이고 5년 미만인 경우에는 토지의 소유기간에서 3년을 차감한 기간을 초과하는 기간, 양도일 직전 3년 중 1년을 초과하는 기간, 토지의 소유기간의 40%를 초과하는 기간 모두 비사업용으로 사용된 경우이다(법인세법시행령 제92조의 3 2호).

농업법인이 토지를 4년 소유한 경우를 보자. 토지의 소유기간 4년에 3년을 차감한 1년을 초과하는 기간 비사업용으로 사용하면 업무용이 아니다.

따라서 3년 이상 농업용으로 사용했으면 업무용으로 본다. 양도일 직전 3년 중 2년 이상 농업용으로 사용했으면 업무용으로 본다. 4년 중

60% 이상을 농업용으로 사용했으면 업무용으로 본다.

4) 3년 미만 소유한 비사업용토지의 판단

토지의 소유기간이 3년 미만인 경우에는 토지의 소유기간에서 2년을 차감한 기간을 초과하는 기간, 토지의 소유기간의 40%를 초과하는 기간을 비사업용으로 사용된 경우이다(법인세법시행령 제92조의 3 3호).

농업법인이 토지를 2년 6개월 보유했다고 가정하자. 이 경우 2년 이상 농업용으로 사용하면 사업용으로 본다. 또는 소유기간의 60%인 1년 6개월 이상 농업용으로 사용해도 사업용으로 본다.

3. 농지의 비사업용판단

농업을 주된 사업으로 하는 않는 법인이 소유하는 농지(논밭 및 과수원)은 비사업용으로 보아 추가로 과세된다(법인세법 제55조의2 제2항 제1호 가목). 농업이 주업인 법인이 소유하는 농지는 비업무용으로 보지 않는다. 한편「국토의 계획 및 이용에 관한 법률」에 따른 녹지지역 및 개발제한구역은 비업무용에서 처음부터 제외된다(법인세법시행령 제92조의 5 제4항).

주의할 것은 특별시 등에 소재하는 농지는 농업법인이라도 비사업용으로 본다. 즉 특별시, 광역시(광역시에 있는 군 지역은 제외), 특별자치시(특별자치시에 있는 읍·면지역은 제외), 특별자치도(「제주특별자치도 설치 및 국제자유도시 조성을 위한 특별법」 제10조 제2항에 따라 설치된 행정시의 읍·면지역은 제외) 및 시 지역(「지방자치법」 제3조 제4항에 따른 도농(都農) 복합형태의 시의 읍·면 지역은 제외) 중「국토의 계획 및 이용에 관한 법률」 제6조 제1호에 따른 도시지역(「국토의 계획 및 이용에 관한 법률」에 따른 녹지지역 및 개발제한구역은 제외)에 있는 농지는 비사업용으로 본다.

다만, 특별시, 광역시, 특별자치시, 특별자치도 및 시 지역의 도시지역에 편입된 날부터 3년이 지나지 아니한 농지는 제외한다(법인세법 제55조의2 제2항 제1호 나목, 법인세법시행령 제92조의 5 제4항, 제5항).

4. 임야의 비사업용 판단

임야에 대한 비사업용 토지 판단은 다음과 같다(법인세법 제55조의2 제2항 제2호).

첫 번째 예외는 임업을 주된 사업으로 하는 법인이나 「산림자원의 조성 및 관리에 관한 법률」에 따른 독림가인 법인이 소유하는 「산지관리법」에 따른 산지 안의 다음 임야이다(법인세법 제55조의2 제2항 제2호 나목, 법인세법시행령 제92조의 6 제3항). 그러나 「국토의 계획 및 이용에 관한 법률」에 따른 도시지역(동법 시행령 제30조의 규정에 따른 보전녹지지역을 제외) 안의 임야로서 도시지역으로 편입된 날부터 3년이 경과한 임야를 제외한다(법인세법시행령 제92조의 6 제3항 단서).

주업은 2 이상의 서로 다른 사업을 영위하는 경우에는 사업연도종료일 현재 당해 법인의 총자산가액 중 당해 사업에 공여되는 자산의 가액이 큰 사업으로 한다(법인세법시행령 제92조의 6 제2항).

1. 「산림자원의 조성 및 관리에 관한 법률」에 따른 산림경영계획인가를 받아 시업(施業)중인 임야

> 2. 「산림자원의 조성 및 관리에 관한 법률」에 따른 특수산림사업지구 안의 임야

두 번째 예외는 다음의 것이다(법인세법 제55조의2 제2항 제2호 가목, 법인세법시행령 제92조의 6 제1항).

> 1. 「산림자원의 조성 및 관리에 관한 법률」에 따른 채종림·시험림과 「산림보호법」에 따른 산림보호구역
> 2. 사찰림 또는 동유림(洞有林)
> 3. 「자연공원법」에 따른 공원자연보존지구 및 공원자연환경지구 안의 임야
> 4. 「도시공원 및 녹지 등에 관한 법률」에 따른 도시공원 안의 임야
> 5. 「문화재보호법」에 따른 문화재보호구역 안의 임야
> 6. 「전통사찰의 보존 및 지원에 관한 법률」에 따라 전통사찰이 소유하고 있는 경내지
> 7. 「개발제한구역의 지정 및 관리에 관한 특별조치법」에 따른 개발제한구역 안의 임야
> 8. 「군사기지 및 군사시설 보호법」에 따른 군사기지 및 군사시설 보호구역 안의 임야
> 9. 「도로법」에 따른 접도구역 안의 임야
> 10. 「철도안전법」에 따른 철도보호지구 안의 임야
> 11. 「하천법」에 따른 홍수관리구역 안의 임야
> 12. 「수도법」에 따른 상수원보호구역 안의 임야
> 13. 그밖에 공익상 필요 또는 산림의 보호육성을 위하여 필요한 임야로서 기획재정부령이 정하는 것

세 번째 예외는 다음의 임야이다(법인세법 제55조의2 제2항 제2호 다목, 법인세법시행령 제92조의 6 제4항).

1. 「산림자원의 조성 및 관리에 관한 법률」에 따른 종·묘 생산업자가 산림용 종자 또는 산림용 묘목의 생산에 사용하는 임야
2. 「산림문화·휴양에 관한 법률」에 따른 자연휴양림을 조성 또는 관리·운영하는 사업에 사용되는 임야
3. 「수목원·정원의 조성 및 진흥에 관한 법률」에 따른 수목원을 조성 또는 관리·운영하는 사업에 사용되는 임야

(중략)

7. 그밖에 토지의 소유자, 소재지, 이용 상황, 소유기간 및 면적 등을 감안하여 법인의 업무에 직접 관련이 있는 임야로서 기획재정부령이 정하는 임야

5. 목장용지의 비사업용 판단

목장용지는 축산업을 주업으로 하지 않는 법인은 비업무용으로 본다(법인세법 제55조의2 제2항 제3호 나목). 다만, 법인의 업무와 직접 관련이 있다고 인정할 만한 상당한 이유가 있는 목장용지로서 대통령령으로 정하는 것은 제외한다고 규정되었지만 일반 법인에 해당되는 것은 없다(법인세법 제55조의2 제2항 제3호 단서).

축산업을 주된 사업으로 하는 법인이 소유하는 목장용지라도 기준 면적을 초과하거나 특별시, 광역시, 특별자치시, 특별자치도 및 시 지역의

도시지역(「국토의 계획 및 이용에 관한 법률」에 따른 녹지지역 및 개발제한 구역은 제외)에 있는 목장용지(도시지역에 편입된 날부터 3년이 지나지 아니한 경우는 제외)는 비업무용으로 본다(법인세법 제55조의2 제2항 제3호 가목, 법인세법시행령 제92조의 7 제5항, 제6항).

기준 면적은 다음 [별표 1]에 규정된 가축별 기준면적과 가축두수를 적용하여 계산한 토지의 면적을 말한다(법인세법시행령 제92조의 7 제4항).

[별표 1] 축산용 토지의 기준 면적

1. 가축별 기준 면적

구분	사업	가축 두수	축사 및 부대시설		초지 또는 사료포		비고
			축사 (제곱미터)	부대시설 (제곱미터)	초지 (헥타르)	사료포 (헥타르)	
1. 한우(육우)	사육사업	1두당	7.5	5	0.5	0.25	말·노새 또는 당나귀를 사육하는 경우를 포함한다.
2. 한우(육우)	비육사업	1두당	7.5	5	0.2	0.1	
3. 유우	목장사업	1두당	11	7	0.5	0.25	
4. 양	목장사업	10두당	8	3	0.5	0.25	
5. 사슴	목장사업	10두당	66	16	0.5	0.25	

구분	사업	가 축 두 수	축사 및 부대시설		초지 또는 사료포		비고
			축사 (제곱미터)	부대시설 (제곱미터)	초지 (헥타르)	사료포 (헥타르)	
6. 토끼	사육 사업	100두당	33	7	0.2	0.1	친칠라를 사육하는 경우를 포함한다.
7. 돼지	양돈 사업	5두당	50	13	-	-	개를 사육하는 경우를 포함한다.
8. 가금	양계 사업	100수당	33	16	-	-	
9. 밍크	사육 사업	5수당	7	7	-	-	여우를 사육하는 경우를 포함한다.

2. 가축두수

가축두수는 다음 각 목의 어느 하나의 방법 중 납세자가 선택하는 방법에 따라 산정한다.

가. 양도일 이전 최근 6사업연도(양도일이 속하는 사업연도를 포함한다. 이하 같다)중 납세자가 선택하는 축산업을 영위한 3사업연도의 최고사육두수를 평균한 것

나. 양도일 이전 최근 4사업연도 중 납세자가 선택하는 축산업을 영위한 2사업연도의 최고사육두수를 평균한 것

다. 축산업을 영위한 기간이 2년 이하인 경우에는 축산업을 영위한 사업연도의 최고사육두수를 평균한 것

제6절 농림어업법인에 대한 기타감면

「조세특례제한법」 상 농림어업은 중소기업의 영역에 포함된다(조세특례제한법시행령 제2조 제1항). 중소기업이 되려면 농림어업은 매출액 천억 원 이하이고 자산총액 5천억 원 이하이어야 한다(중소기업기본법시행령 제3조).

따라서 이에 해당하는 농림어업은 각종 중소기업 감면 규정이 적용된다. 이에 따라 조세특례제한법 제5조(중소기업 등 투자 세액공제), 조세특례제한법 제6조(창업중소기업 등에 대한 세액감면), 조세특례제한법 제7조(중소기업에 대한 특별세액감면)이 적용된다. 농업에 대해서는 조세특례제한법 제26조(고용창출투자세액공제)도 적용된다.

농림어업의 일반회계

3

Chapter

Agricultural Accounting

Chapter 3 농림어업의 일반회계

제1절 매출회계

1. 농업의 매출

1) 농업 매출의 범위

농업을 영위하더라도 농지에서 재배한 작물을 판매장을 특별하게 설치하여 판매하는 경우에는 판매장을 특설하여 판매함으로써 추가로 발생되는 소득은 도매업 또는 소매업에서 발생한 소득으로 본다(소득세법 기본통칙 19-0…1 제2항, 소득세법 집행기준 19-0-1 제2항).

또한 제조장을 특설하여 자기가 재배한 작물을 원료로 하여 제품을 생산하거나 가공하여 판매할 때에는 제조장 특설로 인하여 추가로 발생되는 소득은 제조업에서 발생한 소득으로 본다(소득세법 기본통칙 19-0…1 제3항, 소득세법 집행기준 19-0-1 제3항).

다시 말해 판매장이나 제조장을 만들어서 추가소득이 발생한 부분은 농업소득이 아니고 도소매나 제조업소득으로 보는 것이다.

2) 농업보상금의 경우

농지의 임차인이 임대차계약이 해지됨에 따라 임대인 또는 양수자로부터 지급받는 금액이 영업 손실 보상금에 해당하는 경우에는 사업소득의 매출로 본다. 영업 손실이 농사로 인한 농작물의 보상금일 것이기 때문이다.

그러나 농작물이라 하더라도 소득세가 과세되지 않는 작물재배업 등을 영위하는 경우에는 매출이지만 소득세가 과세되지 않는다.

반면 영업 손실에 대한 보상금이 아니라 당해 농지를 원만하게 명도받기 위하여 '법적 의무 없이 지급하는 합의금' 또는 당해 임대차계약의 위약 또는 해약으로 인하여 받는 '위약금과 배상금'에 해당하는 경우에는 매출로 보지 않고 각각 기타소득에 해당한다(서면1팀-1496, 2005.12.7.).

기타소득인 경우에는 별도로 종합소득세로 과세된다.

2. 임업의 매출

1) 수입의 종류

임업은 영림, 산림용 종자 및 묘목생산, 벌목 활동과 야생 임산물 채취이다. 나무를 심어서 묘목을 생산하거나 벌목을 하는 경우 나무 생산에 투입된 원가는 재고자산이 되고 이를 판매하면 임업의 매출을 구성한다.

2) 나무와 토지를 함께 파는 경우

토지와 수목을 함께 판매하는 경우에는 토지의 판매가격과 수목의 판매가격을 구분하여야 한다. 전자는 고정자산의 판매수입이 되고 후자는 매출이 된다. 법인인 경우 매출과 매출이 아닌 수입의 구분은 회계 상 중요하며 개인인 경우 토지는 양도소득세가 과세되므로 중요하다.

즉 개인사업자가 토지와 그 정착물인 수목을 동시에 양도하는 경우 토지의 양도대가는 양도소득으로서 과세하는 것이나, 수목의 양도대가는 그 취득, 생립, 조림, 식재의 태양 및 관련매매계약서 등 구체적인 사실관계에 따라 사업소득(임업) 또는 양도소득으로 과세한다(서면1팀-1514, 2005.12.9.).

수목의 매각대가라도 실제로는 토지의 양도소득인 경우에는 양도소득으로 과세한다는 의미이다. 임지의 임목을 벌채 또는 양도하는 사업의 수입금액을 계산하는 경우 임목을 임지와 함께 양도한 경우에 그 임지의 양도로 발생하는 소득은 임업의 매출로 보지 않는다(소득세법시행령 제51조 제8항).

이는 임목을 임지와 함께 양도한 경우에는 임지의 양도로 인해 발생하는 소득은 사업소득의 수입금액에 산입하지 않는다는 취지이다. 과거에는 산림 소득과 사업소득을 분리하여 과세하였었다(춘천지법2010구합21, 2010.4.22.).

지금은 산림 소득으로 구분하는 과세는 없으며 사업소득으로 종합소득세가 과세된다.

나무와 토지를 한꺼번에 매각하는 경우 그 구분은 쉽지 않다. 물론 구분이 객관적으로 확인되는 경우는 문제가 없다. 임목과 임지의 거래금액의 구분은 실지 거래가액에 의한다.

그러나 임목과 임지의 취득가액 또는 양도가액을 구분할 수 없는 때에는 임목에 대하여는 시가표준액에 의하고 임지는 총 취득가액 또는 총 양도가액에서 시가표준액에 의한 계산한 임목의 취득가액 또는 양도가액을 뺀 금액으로 한다.

이 경우 빼고 남은 금액이 없는 때에는 임지의 취득가액 또는 양도가액은 없는 것으로 본다(소득세법시행령 제51조 제8항).

입목의 시가표준액은 입목의 종류별, 수령별 거래가격 등을 고려하여 정한 기준가격에 입목의 목재 부피, 그루 수 등을 적용한다(지방세법시행령 제4조 제1항 제5호).

임목이 임지와 함께 양도된 경우 임목의 양도로 발생하는 소득이 사업소득에 해당하는 경우에는 원칙적으로 임목의 양도로 발생하는 소득을 제외한 나머지 소득만이 임지의 양도에 따른 양도소득세의 과세 대상이 된다.

그리고 이때 임목의 양도로 발생하는 소득이 사업소득에 해당하는지는 임목을 생산하기 위한 육림활동이 수익을 목적으로 하고 있는지 여부와 그 내용, 규모, 기간, 태양 등에 비추어 사업 활동으로 볼 수 있는 정도의 계속성과 반복성이 있는지 여부 등을 고려하여 사회통념에 따라 판단하여야 한다.

쉽게 말하면 나무를 팔았다고 해서 사업소득으로 과세되는 것이 아니라 사업으로 하여야 사업소득으로 과세되는 것이다.

따라서 임목이 임지와 함께 양도되었더라도 임목을 생산하기 위한 육림활동이 없었거나 육림활동이 있었더라도 거기에 사업성이 인정되지 아니하는 경우에는 그 양도로 발생하는 소득 전부가 양도소득세의 과세 대상이 된다(대법원 2013.9.13. 선고 2011두6493 판결 등 참조).

임야를 취득하여 양도할 때까지 사업자등록을 하거나 임목 벌채와 양도에 따른 종합소득세를 신고하거나 임목을 벌채하여 판매하거나 임야 내 임목의 벌채를 위하여 관할관청의 인·허가를 받은 사실이 없는 경우나, 수용 등으로 보상을 받는 경우에 임야에 관한 보상협의 및 보상계약서에 임목이 보상의 대상이 된다는 조항이나 임목의 보상금액에 관한 조

항은 없고 협의취득을 위하여 작성된 감정서에도 임목을 임야와 분리하여 별도로 평가하지 않은 경우에는 임업을 사업으로 영위하는 과정에서 양도된 것이 아니라 임야가 양도되면서 그 일부로 양도되었다고 보는 것이므로 양도로 발생한 소득 전체가 양도소득세의 과세대상이 된다(대법원2012두1907, 2014.4.10.).

3) 분수계약의 경우

분수계약(分收契約)이란 산지의 소유자, 비용부담자 및 조림을 하는 자가 당사자가 되어 조림을 하고, 그 조림한 산림의 벌채 또는 양도에 의한 수익을 일정률에 따라 나누기로 하는 계약을 말한다(소득세법시행령 제9조의 3 제1항).

이러한 분수계약에 따라 산림의 벌채 또는 양도에 의한 수입금액을 계약에 따른 분수율에 따라 수입하는 금액은 산림의 매출이며 개인사업자인 경우 임지의 임목을 벌채 또는 양도하는 사업의 매출로 과세된다. 또한 산림의 분수계약에 의한 권리를 양도함으로써 얻는 수입금액도 매출로 본다(소득세법시행령 제51조 제9항).

산림청으로부터 산림청 소관 국유림에 분수권리 계약을 체결하고 계약조건에 따라 과수 목을 식재하여 수확하다가 계약기간 만료 전에 산림청의 승인을 받아 권리를 이전하는 경우는 양도소득이 아니라 임업에서 발생한 소득에 해당하는 것이다(소득세과-608, 2009.2.16.).

3. 축산업의 매출

축산업의 매출은 축산 가축의 판매수입과 소의 우유 등의 판매로 구분될 수 있다. 가축을 키워서 판매하는 경우 가축은 재고자산으로 보고, 우유를 목적으로 소를 키우는 경우 소는 고정자산으로 본다.

고정자산을 판매하는 경우에는 원래 매출로 보지 않지만 육우용 가축의 판매는 매출로 본다. 즉 축산업을 영위하는 사업자가 사업용 고정자산에 속하는 가축을 판매하고 얻은 수입금액은 축산업에서 발생한 수입금액으로 본다(소득세법 기본통칙 19-0…2 제1항, 소득세법 집행기준 19-0-2 제1항).

한편 자기사업장에서 사육한 가축을 자기 소유의 도축장에서 도살, 해체, 냉동 가공한 후 지육으로 판매할 때에는 제조업으로 구분하여 과세한다(소득세법 기본통칙 19-0…2 제2항, 소득세법 집행기준 19-0-2 제2항).

가축에 전염병이 돌아 가축을 살 처분하고 보상금을 받는 경우가 있다. 예를 들어 「가축전염병예방법」 제48조에 따라 축산사업자가 지급받은 가축 살 처분 보상금이 그것이다. 이러한 보상금도 축산업 사업소득의 매출로 본다(소득세제과-510, 2012.10.16.). 가축과 관련된 수입이기 때문이다.

그러나 구제역 관련하여 축산사업자가 「가축전염병예방법」 제49조 및 같은 법 시행령 제12조에 따라 지원받는 생계안정자금은 매출인 총수입금액으로 보지 않는다(소득세제과-100, 2011.3.24.).

제2절 비용 회계

1. 양잠업의 비용

양잠업의 경비에는 매입비, 사양비용, 관리비, 설비비, 개량비, 매도경비가 있다(소득세법시행령 제55조 제1항 제4호). 생사를 제조하는 사업자가 잠업 농가에 대하여 장려금을 지급하거나 상전조성비 및 관리에 필요한 경비를 부담한 경우에는 이를 당해 사업자의 비용으로 인정한다(소득세법기본통칙 27-55…2).

2. 축산업 비용

1) 원가와 비용

가축 및 가금비용에는 종란비용, 출산비용, 사양비용, 설비비, 개량비, 매도경비가 있다(소득세법시행령 제55조 제1항 제5호).

사역용, 씨가축용 또는 착유용 등으로 사용되는 소·말·돼지·면양 및 양에 대한 감가상각은 「법인세법 시행규칙」 [별표 6] "업종별 자산의 기준내용연수 및 내용연수범위 표"를 적용하여 계산한다(소득세법기본통칙 33-62…5 제1항).

가축에 대한 기준내용연수 또는 신고내용연수는 소·말·돼지·면양 및 양 등이 성숙하여 사역용·씨가축용·착유용 등으로 사용 가능한 때부터 기산한다(소득세법기본통칙 33-62…5 제2항).

〈표 13〉 농림어업 자산의 기준내용연수 및 내용연수범위

구분	기준내용연수 및 내용연수범위 (하한~상한)	적용대상자산	
		대분류	중분류
2	5년 (4년~6년)	농업, 임업 및 어업	01. 농업. 다만, 과수의 경우에는 구분 9(15~25년)를 적용한다. 02. 임업
4	8년 (6년~10년)	농업, 임업 및 어업	03. 어업. 다만, 내수면 양식 어업(03212) 중 수생파충류 및 개구리 양식은 구분 2(4년~6년)를 적용한다.
9	20년 (15년~25년)		

2) 축산업과 음식점 겸업

사업자가 축사에서 가축을 사육하여 도축 업자에게 도축을 의뢰한 후 전량을 소재지가 다른 자신의 사업장인 정육점에 반출하여 판매하는 경우에는 사업자등록을 하지 않아도 된다.

그리고 축사에서 소를 사육하면서 발생한 원가는 정육점의 필요경비로 본다(서면법규과-396, 2014.4.22.).

3. 임업의 비용

임업의 경비에는 종묘 및 비료의 매입비, 식림비용, 관리비용, 벌채비

용, 설비비, 개량비 및 임목의 매도경비가 있다(소득세법시행령 제55조 제1항 제3호).

산림의 취득비용과 식림 또는 육림에 소요되는 조림비용은 취득가액에 산입하는 것이며, 산림의 유지 관리를 위한 비용은 판매비와 일반관리비로 처리한다(소득세법기본통칙 27-55…1).

제3절 농림어업의 부가세 회계

1. 부가가치세의 기초지식

부가가치세는 매출에 대하여 10%로 과세된다. 수출하는 경우처럼 세율이 0%인 영세율, 부가가치세가 과세되지 않는 면세 매출도 있다.

부가가치세가 과세되는 재화를 판매하는 경우 세금계산서를 발행한다. 부가가치세 과세대상인 경우에는 세금계산서를 발행하지만, 면세인 경우에는 계산서를 발행한다.

그러나 사업을 영위하지 않는 경우에는 세금계산서나 계산서를 발행할 수 없다. 예를 들어 사업소득을 과세하지 않는 작물재배업을 영위하는 거주자가 고유번호를 부여받은 경우 계산서를 교부할 수 없다(서면1팀-1587, 2007.11.20.).

부가가치세는 매출로 발생한 매출 부가가치세액에서 매입세액을 공제하여 납부한다. 물건을 사거나 용역을 제공받는 경우 거래상대방으로부터 부가가치세 10%를 포함한 금액으로 세금계산서를 받는다.

여기에 포함된 부가가치세는 부가가치세 납부세액에서 차감 받는다. 그러나 모든 매입세액이 차감되는 것이 아니다. 매입세액으로 공제되려면 사업을 위하여 사용되었거나 사용될 재화 또는 용역의 공급에 대한 세액만 해당된다.

업무와 관련된 것이라도 승용자동차의 구입과 유지비용, 접대비, 토지 구입으로 지출된 매입세액도 공제되지 않는다. 면세사업을 하는 경우에는 모든 매입세액이 공제되지 않는다.

2. 농업에 대한 부가가치세 감면

1) 농지 임대료 부가가치세 면제

전·답·과수원·목장용지·임야 또는 염전 임대업은 부가가치세가 과세되지 않는다(부가가치세법시행령 제3조 제1항 제6호 가목). 따라서 농업법인이 농지를 임차하여 농업을 하는 경우 임대료는 부가가치세가 과세되지 않으므로 세금계산서를 받을 수 없다.

스마트 팜에서 수경재배시설 등을 갖추어 농산물을 재배하는 경우 작물재배업으로서 '농업 경작'에 해당한다.

스마트 팜을 영위하는 농업회사 법인이 도로인 토지와 해당 도로의 시설물인 폐 터널을 임차하여 농작물을 수경재배하고 임대인에게 토지사용료를 지급하는 경우 해당 사용료는 부가가치세 과세대상에서 제외된다(서면법령부가-82, 2018.5.28.).

2) 농가 부업의 부가세면제

소득세가 과세되지 아니하는 농가부업은 사업을 구분할 때에 독립된 사업으로 보지 아니한다(부가가치세법시행규칙 제2조 제3항). 따라서 「소득세법 시행령」 제9조 제1항에 따라 소득세가 과세되지 아니하는 농가부업 소득에 해당하는 경우에는 부가가치세 납세의무가 없다.

다만, 민박, 음식물 판매, 특산물 제조, 전통 차 제조 및 그밖에 이와 유사한 활동은 독립된 사업으로 본다(부가가치세법시행규칙 제2조 제3항 단서).

예를 들어 사슴 목장을 운영하는 농민이 사슴을 위탁 사육하고 받는 소득이 농가부업소득에 해당하는 경우에는 독립된 사업으로 보지 아니하여 부가가치세 납세의무가 없다.

비과세되는 농가부업으로 가축을 수탁 사육하는 것은 부가가치세가 과세되지 않는 것이다.

3. 농림수산물에 대한 부가가치세 감면

1) 감면대상의 범위

농업, 축산업, 수산업, 임업의 미 가공 식료품(식용으로 제공되는 농산물, 축산물, 수산물과 임산물 포함)은 부가가치세가 면제이다.

그리고 식용이 아닌 경우에는 국내생산에 한해 농산물, 축산물, 수산물과 임산물의 공급에 대하여는 부가가치세를 면제한다(부가가치세법 제26조 제1항 제1호).

가공되지 아니한 식료품 및 식용으로 제공되는 농산물, 축산물, 수산물 및 임산물의 수입에 대하여도 부가가치세를 면제한다(부가가치세법 제27조 제1호).

2) 감면대상 “미 가공”의 범위

미가공이란 가공되지 아니하거나 1차 가공을 한 것을 말한다. 1차 가공이란 탈곡, 정미, 정맥, 제분, 정육, 건조, 냉동, 염장, 포장이나 그밖에 원생산물 본래의 성질이 변하지 아니하는 정도의 가공을 말한다(부가가치세법시행령 제34조 제1항).

원생산물 본래의 성질이 변하지 아니하는 정도로 1차 가공을 하는 과정에서 필수적으로 발생하는 부산물(부가가치세법시행령 제34조 제2항 2호), 미 가공 식료품을 단순히 혼합한 것도 포함된다(부가가치세법시행령 제34조 제2항 3호).

식용으로 제공되는 농산물, 축산물, 수산물과 임산물이란 원생산물, 원생산물 본래의 성상이 변하지 아니하는 정도의 원시가공을 거친 것, 원시가공을 하는 과정에서 필수적으로 발생하는 부산물을 포함한다(부가가치세법시행령 제34조 제3항).

3) 과세와 면세가 혼합된 제품의 경우

부가가치세가 과세되는 재화와 면제되는 재화를 각기 본래의 성질을 그대로 유지한 상태로 하나의 거래단위로 판매될 수 있도록 함께 포장하여 공급하는 경우에는 주된 재화의 과세재화 해당 여부에 따라 과세 또는 면세를 판단한다(부가가치세과-610, 2014.7.4.).

주된 재화가 과세되면 전체가 과세되고 주된 재화가 면세이면 전체가 면세라는 의미이다.

4) 식료품의 범위

식료품은 곡류, 서류(감자나 고구마 등의 작물로서 덩이줄기나 덩이뿌리를 이용하는 작물), 특용작물, 과실, 채소, 수축(獸畜. 가축), 수육(육류),

유란(우유와 분유를 포함), 생선(고래를 포함), 조개, 해조류, 기타 식용으로 제공되는 농산물, 축산물, 수산물 또는 임산물, 소금(「식품위생법」 제7조 제1항에 따라 식품의약품안전처장이 정한 식품의 기준 및 규격에 따른 천일염 및 재제소금을 말한다.) 같은 것을 말한다(부가가치세법시행령 제34조 제1항).

여기서 식용이란 현실적으로 개별적으로 실제로 사용되는 용도가 아니고, 일반적·추상적 관념(식용에 적합한지 여부)의 용도를 말하는 것으로 「부가가치세법 시행규칙」 아래 [별표 1] 면세하는 미 가공식료품 분류표에 나오는 것을 말한다(부가가치세법 집행기준 26-0-3 제1항).

[별표 1] 면세하는 미 가공식료품 분류표

구 분	관세율 표 번호	품 명
1. 곡류	1001	① 밀과 메슬린(meslin)
	1002	② 호밀
	1003	③ 보리
	1004	④ 귀리
	1005	⑤ 옥수수
	1006	⑥ 쌀(벼를 포함한다)
	1007	⑦ 수수
	1008	⑧ 메밀·밀리트(millet)·카나리시드(canary seed)와 그 밖의 곡물
	1101	⑨ 밀가루나 메슬린(meslin) 가루
	1102	⑩ 곡물가루[밀가루나 메슬린(meslin) 가루는 제외한다]

구 분	관세율 표 번호	품 명
	1103	⑪ 곡물의 부순 알곡, 거친 가루, 펠릿(pellet)
	1104	⑫ 그 밖의 가공한 곡물[예: 껍질을 벗긴 것, 압착한 것, 플레이크(flake) 모양인 것, 진주 모양인 것, 얇은 조각으로 만든 것, 거칠게 빻은 것(관세율표 제1006호의 쌀은 제외한다)], 곡물의 씨눈으로서 원래 모양인 것, 압착한 것, 플레이크(flake) 모양인 것, 잘게 부순 것
	1106	⑬ 관세율표 제1106호에 해당하는 물품 중 건조한 채두류(菜豆類)(관세율표 제0713호의 것)의 거친 가루, 가루
2. 서류	0714	① 매니옥(manioc)·칡뿌리·살렙(salep)·돼지감자(Jerusalem artichoke)·고구마와 그밖에 이와 유사한 전분이나 이눌린(inulin)을 다량 함유한 뿌리·괴경(塊莖)[자른 것인지 또는 펠릿(pellet) 모양인지에 상관없으며 신선한 것, 건조한 것으로 한정한다], 사고야자(sago)의 심(pith)
	1106	② 관세율표 제1106호에 해당하는 물품 중 사고(sago)·뿌리나 괴경(塊莖)(관세율표 제0714호의 것)의 고운 가루 및 거친 가루
	0701	③ 감자(신선한 것이나 냉장한 것으로 한정한다)
	1105	④ 감자의 고운 가루, 거친 가루, 가루, 플레이크(flake), 알갱이, 펠릿(pellet)
3. 특용작물류	0901	① 관세율표 제0901호에 해당하는 물품 중 커피(원래 모양이나 분쇄한 것으로서 볶은 것은 제외한다) 및 커피의 껍데기·껍질과 웨이스트(waste)
	0902	② 차류(소매용으로 포장한 것은 제외한다)
	0904	③ 후추[파이퍼(Piper)속의 것으로 한정한다], 건조하거나 부수거나 잘게 부순 고추류[캡시컴(Capsicum)

구 분	관세율 표 번호	품 명
		속]의 열매나 피멘타(Pimenta)속의 열매
	1201	④ 대두(부수었는지에 상관없다)
	1202	⑤ 땅콩(볶거나 그 밖의 조리를 한 것은 제외하며, 껍데기를 벗겼는지, 부수었는지에 상관없다)
	0704	③ 양배추·꽃양배추·구경(球莖)양배추·케일(kale)과 그밖에 이와 유사한 식용 배추 속(신선한 것이나 냉장한 것으로 한정한다)
	0705	④ 상추[락투카 사티바(Lactuca sativa)]와 치커리(chicory)[시커리엄(Cichorium)종](신선한 것이나 냉장한 것으로 한정한다)
	0706	⑤ 당근, 순무, 샐러드용 사탕무뿌리, 선모(仙茅), 셀러리액(celeriac), 무와 그밖에 이와 유사한 식용 뿌리(신선한 것이나 냉장한 것으로 한정한다)
	0707	⑥ 오이류(신선한 것이나 냉장한 것으로 한정한다)
	0708	⑦ 채두류(菜豆類)(꼬투리가 있는지에 상관없으며 신선한 것이나 냉장한 것으로 한정한다)
	0709	⑧ 그 밖의 채소(신선한 것이나 냉장한 것으로 한정한다)
	0710	⑨ 냉동채소(조리한 것은 제외한다)
	0711	⑩ 일시적으로 보존하기 위하여 처리(예: 이산화유황가스·염수·유황수나 그 밖의 저장용액으로 보존처리)한 채소(그 상태로는 식용에 적합하지 않은 것으로 한정한다)
	0712	⑪ 건조한 채소(원래 모양인 것, 절단한 것, 얇게 썬 것, 부순 것, 가루 모양인 것으로 한정하며, 더 이상 조제한 것은 제외한다)
	0713	⑫ 건조한 채두류(菜豆類)(꼬투리가 없는 것으로서

구 분	관세율 표 번호	품 명
		껍질을 제거한 것인지 또는 쪼갠 것인지에 상관없다)
6. 수축류	0101	① 말(경주마, 승용마 및 번식용 말은 제외한다), 당나귀, 노새와 버새
	0102	② 소(물소를 포함한다)
	0103	③ 돼지
	0104	④ 면양과 산양
	0105	⑤ 가금(家禽)류(닭·오리·거위·칠면조 및 기니아새로 한정한다)
	0106	⑥ 그 밖의 살아 있는 동물(식용에 적합한 것으로 한정한다)
7. 수육류	0201	① 쇠고기(신선한 것이나 냉장한 것으로 한정한다)
	0202	② 쇠고기(냉동한 것으로 한정한다)
	0203	③ 돼지고기(신선한 것, 냉장하거나 냉동한 것으로 한정한다)
	0204	④ 면양과 산양의 고기(신선한 것, 냉장하거나 냉동한 것으로 한정한다)
	0205	⑤ 말·당나귀·노새·버새의 고기(신선한 것, 냉장하거나 냉동한 것으로 한정한다)
	0206	⑥ 소·돼지·면양·산양·말·당나귀·노새·버새의 식용 설육(屑肉)(신선한 것, 냉장하거나 냉동한 것으로 한정한다)
	0207	⑦ 관세율표 제0105호의 가금(家禽)류의 육과 식용 설육(屑肉)(신선한 것, 냉장하거나 냉동한 것으로 한정한다)
	0208	⑧ 그 밖의 육과 식용 설육(屑肉)(신선한 것, 냉장하거나 냉동한 것으로 한정한다)

구 분	관세율 표 번호	품 명
	0209	⑨ 살코기가 없는 돼지비계와 가금(家禽)의 비계(기름을 빼지 않은 것이나 그 밖의 방법으로 추출하지 않은 것으로서 신선한 것, 냉장하거나 냉동한 것, 염장하거나 염수장한 것, 건조하거나 훈제한 것으로 한정한다)
	0210	⑩ 육과 식용 설육(屑肉)(염장하거나 염수장한 것이나 건조하거나 훈제한 것으로 한정한다), 육이나 설육(屑肉)의 식용 고운 가루 및 거친 가루
	0504	⑪ 동물(어류는 제외한다)의 장·방광·위의 전체나 부분(식용에 적합한 것으로 한정한다)
	0511	⑫ 관세율표 제0511호에 해당하는 물품 중 건(腱)·근(筋)과 원피의 웨이스트(waste) 및 누에가루(식용에 적합한 것으로 한정한다)
	0506	⑬ 뼈와 혼코어(horn-core)[가공하지 않은 것, 탈지(脫脂)한 것, 단순히 정리한 것(특정한 형상으로 깎은 것은 제외한다), 산(酸)처리를 하거나 탈교한(degelatinised) 것], 이들의 가루와 웨이스트(waste)
8. 유란류	0401	① 밀크(관세율표 제0401호에 해당하는 물품 중 신선한 것으로 한정하며 농축·건조·가당 또는 발효된 것은 제외한다)
	0402	② 관세율표 제0402호에 해당하는 물품 중 농축유·연유와 분유
	0407	③ 새의 알(껍질이 붙은 것으로서 신선하거나 저장에 적합한 처리를 한 것으로 한정한다)
	0408	④ 새의 알(껍질이 붙지 않은 것)과 알의 노른자위(신선한 것, 건조한 것, 그밖의 저장에 적합한 처리를 한 것으로 한정한다)

구 분	관세율 표 번호	품 명
	1901	⑤ 관세율표 제1901호에 해당하는 물품 중 유아용 조 제 분유로 한정한다.
	3502	⑥ 알의 흰자위(egg albumin)(신선한 것, 건조한 것, 그 밖의 저장에 적합한 처리를 한 것으로 한정한다)
9. 생선류	0301	① 활어(관상용은 제외한다)
	0302	② 신선하거나 냉장한 어류[관세율표 제0304호의 어류의 필레(fillet)와 그 밖의 어육은 제외한다]
	0303	③ 냉동어류[관세율표 제0304호의 어류의 필레(fillet)와 기타 어육은 제외한다]
	0304	④ 어류의 필레(fillet)와 그 밖의 어육(잘게 썰었는지에 상관없으며 신선한 것, 냉장·냉동한 것으로 한정한다)
	0305	⑤ 건조한 어류, 염장이나 염수장한 어류, 훈제한 어류(훈제과정 중이나 훈제 전에 조리한 것인지에 상관없다), 어류의 고운 가루 및 거친 가루와 펠릿(pellet)(식용에 적합한 것으로 한정한다)
	0306	⑥ 갑각류(껍데기가 붙어 있는 것인지에 상관없으며 살아 있는 것과 신선한 것, 냉장이나 냉동한 것, 건조한 것, 염장이나 염수장한 것으로 한정하며, 껍데기가 붙어 있는 상태로 물에 찌거나 삶아서 냉장이나 냉동한 것, 건조한 것, 염장이나 염수장한 것을 포함한다)
	0307	⑦ 연체동물[껍데기가 붙어 있는지에 상관없으며 살아 있는 것과 신선한 것, 냉장이나 냉동한 것, 건조한 것, 염장이나 염수장한 것, 연체동물의 고운 가루 및 거친 가루와 펠릿(pellet)(식용에 적합한 것으로 한정한다)을 포함한다]

구 분	관세율 표 번호	품 명
	0308	⑧ 수생(水生) 무척추동물[갑각류와 연체동물은 제외하며, 살아 있는 것과 신선한 것, 냉장이나 냉동한 것, 건조한 것, 염장이나 염수장한 것, 수생(水生) 무척추동물(갑각류와 연체동물은 제외한다)의 고운 가루 및 거친 가루와 펠릿(pellet)(식용에 적합한 것으로 한정한다)을 포함한다]
	0511	⑨ 관세율표 제0511호에 해당하는 물품 중 어류의 웨이스트(waste)(식용에 적합한 것으로 한정한다)
10. 패류	0307	관세율표 제0307호에 해당하는 물품 중 조개·바지락·백합·홍합·전복과 그 밖의 패류(살아 있는 것과 신선한 것, 냉장이나 냉동한 것, 건조한 것, 염장이나 염수장한 것으로 한정한다)
11. 해조류	1212	관세율표 제1212호에 해당하는 물품 중 김·미역·톳·파래·다시마와 그 밖의 식용에 적합한 해조류(신선한 것과 냉장이나 냉동한 것, 건조한 것, 염장이나 염수장한 것으로 한정한다)
12. 그밖에 식용으로 제공되는 농산물, 축산물, 수산물 또는 임산물과 단순가공 식료품	0409	① 천연꿀
	0410	② 따로 분류되지 않은 식용인 동물성 생산품
	1212	③ 관세율표 제1212호에 해당하는 물품 중 주로 식용에 적합한 과실의 핵(核)과 그 밖의 식물성 생산품으로서 따로 분류되지 아니한 것(산채류를 포함한다)
	2501	④ 관세율표 제2501호에 해당하는 물품 중 소금
		⑤ 데친 채소류·김치·단무지·장아찌·젓갈류·게장·두부·메주·간장·된장·고추장(제조시설을 갖추고 판매목적으로 독립된 거래단위로 관입·병입 또는 이와 유사한 형태로 포장하여 공급하는 것은 제외하되, 단순하게 운반편의를 위하여 일시적으로 관

구 분	관세율 표 번호	품 명
		입·병입 등의 포장을 하는 경우를 포함한다)
	1209	⑥ 관세율표 제1209호에 해당하는 물품 중 채소 종자
		⑦ 쌀에 인산추출물·아미노산 등 식품첨가물을 첨가·코팅하거나 버섯균 등을 배양시킨 것으로서 쌀의 원형을 유지하고 있어야 하고(쌀을 분쇄한 후 식품첨가물을 혼합하여 다시 알곡모양을 낸 것은 제외한다), 쌀의 함량이 90퍼센트 이상인 것

수입에 대하여 면세하는 미 가공식료품도 마찬가지이다(부가가치세법시행규칙 제24조 제1항). 다만, 관세가 감면되지 아니하는 수입 미 가공식료품으로서 [별표 2]의 면세하지 아니하는 수입 미 가공식료품 분류표에 따른 것은 제외한다(부가가치세법시행령 제49조 제1항, 부가가치세법시행규칙 제37조 제1항).

이에 따른 면세하지 아니하는 수입 미 가공식료품 분류표를 적용할 때에는 「관세법」 별표의 관세율 표를 기준으로 한다(부가가치세법시행규칙 제37조 제2항).

[별표 2] (2013.6.28. 개정) 면세하지 아니하는 수입 미가공식료품 분류표(제37조 제1항 관련)

관세율 표 번호	품 목
0901	관세율 표 제0901호에 해당하는 물품 중 커피 및 커피의 껍데기·껍질과 웨이스트(waste)
1801	코코아 두(원래 모양이나 부순 것으로서 볶은 것을 포함한다)
1802	코코아의 껍데기와 껍질과 코코아 웨이스트(waste)

예를 들어 울금을 재배, 가공, 판매하는 영농조합 법인이 고형 차를 생산하는데 울금 분말을 100% 원재료로 하고 세척, 건조, 분쇄, 포장의 공정을 가지고 있다. 이것이 면세되느냐 여부는 [별표 1]에 있느냐에 달려 있다.

국세청은 이러한 제품이 부가가치세가 과세되는가라는 질의에 대하여 강황을 예로 들어서 답하였다. [별표 1]에서 규정하지 않는 강황을 가공(분쇄)하여 분말형태로 공급하거나 다른 식품과 혼합하여 환 또는 액체 상태의 제품으로 공급하는 것은 부가가치세가 과세된다(부가가치세과-172, 2013.2.19., 서면부가-1351, 2015.9.30.에서 인용.).

5) 감면의 사례

(1) 어류 및 해산물

신선한 어류의 껍질, 머리, 뼈, 내장 등을 제거하고 냉동한 순 살코기와 조미하지 아니하고 단순히 분쇄, 냉동한 어육으로서 식용에 사용하는 것은 부가가치세를 면세한다(부가가치세법 집행기준 26-0-3 제2항).

맛김, 볶거나 조미한 멸치, 조미하여 건조한 쥐치포 등의 어포 등 제품은 과세한다(부가가치세법 집행기준 26-0-3 제4항). 1차 가공 이상의 식품이기 때문이다. 그러나 어류 등의 신선도 유지, 저장, 운반 등을 위하여 화학물질 등을 첨가하는 때에는 면세한다(부가가치세법 집행기준 26-0-3 제4항). 가공한 것이 아니기 때문이다.

젓갈류 등 단순가공식료품에 대하여는 면세하나, 단순가공식료품을 거래단위로서 포장하여 최종소비자에게 그 포장의 상태로 직접 공급하는 경우에는 과세한다(부가가치세법 집행기준 26-0-3 제6항).

식용에 사용하는 천일염, 재제소금은 면세재화인 소금에 포함하나, 공업용 소금, 맛소금, 공업용 천일염은 과세한다(부가가치세법 집행기준 26-0-3 제7항).

(2) 축산물

축산물인 돼지, 소, 닭 등을 도살, 해체하여 정육, 건조, 냉장 등 본래의 성질이 변하지 아니하는 정도의 1차 가공을 거쳐 식용에 사용하는 것은 면세한다(부가가치세법 집행기준 26-0-3 제3항).

부가가치세가 면제되는 삼계탕용 닭을 판매하는 자가 삼계탕용 재료인 대추, 생삼, 찹쌀, 마늘 등을 각기 본래의 성질을 그대로 유지한 상태로 비닐에 포장하여 공급하는 경우에는 부가가치세가 면제된다(부가 46015-2098, 2000.8.26.). 그러나 본래의 성질이 유지되지 않는 대추 등을 포장하여 판매하는 경우에는 과세된다.

생크림, 유당, 카제인, 우유 향 등을 배합하여 제조한 가공 우유 등 제품은 과세한다. 1차 가공이 아니기 때문이다. 다만, 영유아용 분유는 과세하지 않는다(부가가치세법 집행기준 26-0-3 제4항).

(3) 농산물

① 농산물 면세대상

본래의 성질이 변한 정도의 가공을 거친 식료품은 과세한다. 전분, 면류, 팥, 콩 등의 앙금, 떡, 한천, 묵, 인삼차, 엿기름 등이 그것이다(부가가치세법 집행기준 26-0-3 제5항).

미 가공식료품은 시행규칙 [별표 1] '미 가공식료품 분류표'에 열거된 것으로서(서면3팀-2473, 2007.9.3.), 볶거나 찌거나 굽는 등 열을 가하여 본래의 성질이 변하는 정도의 가공을 거친 것은 포함하지 않는다(서면3

팀-2473, 2007.9.3.).

조미료·향신료(고추, 후추 등) 등을 가미하여 가공처리 한 식료품에 대하여는 과세한다(부가가치세법 집행기준 26-0-3 제4항). 부가가치세가 면제되는 절임 배추를 주된 재화로 하여 이에 부수하여 과세되는 김치 양념을 단순하게 혼합하여 재화를 공급하는 경우 본래의 성질이 변하지 아니하는 정도의 단순 혼합재화에 대하여는 부가가치세가 면제된다(부가가치세과-84, 2014.1.28.).

② 포장과 면세여부

데친 채소류, 김치, 두부, 간장 또는 된장 등 단순가공 식료품에 대하여는 면세한다. 그러나 단순가공 식료품을 거래단위로서 포장하여 최종소비자에게 그 포장의 상태로 직접 공급하는 경우에는 과세한다(부가가치세법 집행기준 26-0-3 제6항). 같은 내용물이라고 포장여부가 과세와 면세를 결정한다.

또한「부가가치세법 시행규칙 [별표 1]에 의하여 김치, 단무지를 단순히 운반의 편의만을 위하여 일시적으로 비닐 포장 등을 하여 공급하는 경우에는 부가가치세가 면제되는 것이나, 관입, 병입 기타 이와 유사한 형태로 포장하여 독립된 거래단위로 공급하는 경우에는 부가가치세가 과세된다(부가가치세과-4808, 2008.12.15.).

마찬가지로 오이지와 단무지를 독립된 거래단위로 포장하여 최종소비자에게 그 포장의 상태로 공급하는 경우에는「부가가치세법시행규칙」제10조 제1항 [별표 1]의 규정에 의하여 부가가치세가 과세되는 것이나, 단순히 운반편의만을 위하여 일시적으로 비닐 포장 등 용기를 사용하는 경우에는 포장된 것으로 보지 아니하여 면세한다(부가46015-54, 1998.1.10.).

그러나 소금물에 절인 배추를 씰링 또는 진공 포장하여 공급하는 경우, 그 절임배추는 [별표 1]에 열거된 것으로서 본래의 성질이 변하지 아니하는 정도의 1차 가공을 거쳐 식용에 공하는 것에 해당하므로 포장 유무와 관계없이 부가가치세가 면제된다(부가가치세과-3504, 2008.10.8.).

4. 농어업 대행용역에 대한 부가가치세 면제

농어업 경영 및 농어업 작업의 대행용역에 대해서는 부가가치세를 면제한다(조세특례제한법 제106조 제1항 3호). 2023년 12월 31일까지 공급한 것에만 적용하는데 계속 연기되어 왔다(조세특례제한법 제106조 제1항).

여기서 부가가치세가 면제되는 대행용역이란 「농어업경영체 육성 및 지원에 관한 법률」 제16조에 따라 설립된 영농조합법인 및 같은 법 제19조에 따라 설립된 농업회사 법인이 공급하는 농업경영 및 농작업의 대행용역과 「농어업경영체 육성 및 지원에 관한 법률」 제16조에 따라 설립된 영어조합법인이 공급하는 어업경영 및 어·작업의 대행용역이다(조세특례제한법 시행령 제106조 제3항).

이 경우 부가가치세 예정신고·확정 신고 또는 영세율 조기 환급신고를 하는 때에 공급받는 기관의 장이 발행하는 용역공급사실을 증명하는 서류를 제출하여야 한다(조세특례제한법 시행령 제106조 제12항 1호).

농어민에게 제공하는 용역만 면세이다. 영농조합 법인이 생산지 내에서 농민에게 공급하는 농산물의 선별·포장용역은 농작업의 대행용역에 해당하여 부가가치세가 면제되는 것이나, 농민이 아닌 자(농산물판매업자 등)에게 공급하는 농산물의 선별·포장용역을 부가가치세가 과세된다(부가46015-1569, 1995.8.24.).

농산물을 생산지 외의 지역으로 수송하고 받는 대가(서면3팀-2063, 2007.7.24.), 육묘파종서비스업(국심2006광494, 2006.5.10.)도 해당된다. 그러나 「수산업법」 제10조에 따라 설립된 영어조합법인이 양식하여 채취한 진주를 일련의 가공과정을 거쳐 완성된 보석인 진주와 귀금속을 생산하여 조합의 책임과 계산 하에 진주판매업자 또는 최종소비자에게 공급하는 경우에는 대행용역에 해당하지 않는다(법규부가2009-55, 2009.3.17.).

5. 목재펠릿에 대한 부가가치세 면제

「산림자원의 조성 및 관리에 관한 법률」 제2조 제7호에 따른 임산물 중 목재펠릿에 대해서는 부가가치세를 면제한다. 2022년 12월 31일까지 공급한 것에만 적용하나 계속 연기되어 왔다(조세특례제한법 제106조 제1항 12호, 시행령 제106조 제15항).

농민 등에게 '난방용 또는 농업용'으로 공급하는 목재펠릿의 경우에만 부가가치세가 면제된다(서면부가-363, 2018.4.20.). 목재 팰릿(Wood pellet)은 임업 폐기물이나 소나무 벌채 목 등의 톱밥을 분쇄한 뒤 원기둥 모양으로 압축 가공한 연료이다.

6. 농업 축산업 어업용 기자재 수입에 대한 부가세 면제

농민 또는 임업에 종사하는 자가 직접 수입하는 농업용, 축산업용 또는 임업용 기자재와 어민이 직접 수입하는 어업용 기자재는 부가가치세를 면제한다(조세특례제한법 제106조 제2항 9호). 2022년 12월 31일까지 수입신고하는 분에만 적용한다(조세특례제한법 제106조 제2항).

부가가치세가 면제되는 농민과 어민의 범위는 농림수산업 기자재 영세율 적용을 보기 바란다(조세감면규제법 제105조 제1항 제5호에서 규정하는 농민과 조세감면규제법 제105조 제1항 제6호에서 규정하는 어민)(조세특례제한법 제106조 제2항 9호).

부가가치세가 면제되는 기자재는 「농·축산·임·어업용 기자재 및 석유류에 대한 부가가치세 영세율 및 면세적용 등에 관한 특례규정」 제3조 제3항 내지 제6항에 규정된 농업용 기자재, 축산업용 기자재, 임업용 기자재 및 친환경농업용 기자재로서 「농업협동조합법」에 의하여 설립된 각 조합으로부터 농민임을 확인받은 자가 수입하는 것과 어업용기자재로서 「수산업협동조합법」에 의하여 설립된 각 조합으로부터 어민임을 확인받은 자가 수입하는 것을 말한다(조세특례제한법시행령 제106조 제17항).

농민 또는 어민의 확인은 지역농업협동조합·지역축산업협동조합, 품목별·업종별협동조합 또는 수산업협동조합의 장이 발급하는 농·어민확인서에 의한다(조세특례제한법시행규칙 제48조 제4항).

[별표 3] 영세율이 적용되는 농업기계
(「농·축산·임·어업용 기자재 및 석유류에 대한 부가가치세 영세율 및 면세적용 등에 관한 특례규정」 제3조 제3항)

1. 동력경운기 및 부속작업기
2. 농용트랙터 및 부속작업기
3. 관리기 및 부속작업기
4. 동력이앙기 및 부속작업기
5. 목책기(농작물 보호용만 해당한다)
6. 스피드스프레이
7. 삭제 〈2008.2.22〉
8. 콤바인
9. 곡물건조기
10. 삭제 〈2006.2.9〉
11. 삭제 〈2010.2.18〉
12. 동력중경제초기
13. 동력수확기
14. 농산물 건조기
15. 동력상토조제기
16. 동력이식기
17. 농업용 난방기
18. 잎담배건조레이크이송기
19. 농업용 병충해방제기
20. 삭제 〈2006.2.9〉
21. 삭제 〈2006.2.9〉
22. 동력탈곡기
23. 동력휴립기
24. 삭제 〈2006.2.9〉
25. 동력시비기
26. 삭제 〈2008.2.22〉
27. 동력탈피기 및 박피기
28. 농산물 결속기
29. 농산물 운반대 및 운반차
30. 농산물 세척기
31. 동력심경기
32. 삭제 〈2008.2.22〉
33. 동력구굴기
34. 동력가지절단기 및 파쇄기
35. 동력수피기 및 파쇄기
36. 삭제 〈2006.2.9〉
37. 동력비닐피복기 및 동력피복개폐기
38. 육묘상자
39. 삭제 〈2006.2.9〉
40. 파종기
41. 농업용 스프링쿨러
42. 버섯재배소독기
43. 삭제 〈2006.2.9〉
44. 농산물 선별기 및 정선기
45. 삭제 〈2006.2.9〉
46. 삭제 〈2006.2.9〉
47. 삭제 〈2008.2.22〉
48. 삭제 〈2006.2.9〉

[별표 4] 영세율이 적용되는 축산업용 기자재

(「농·축산·임·어업용 기자재 및 석유류에 대한 부가가치세 영세율 및 면세적용 등에 관한 특례규정」 제3조 제4항)

1. 육추기	29. 원유냉각기
2. 양계용케이지	30. 삭 제(2008.2.22.)
3. 축산급이기	31. 사료배합기
4. 삭 제(2008.2.22.)	32. TMR배합기
5. 삭 제(2008.2.22.)	33. 사료절단기
6. 자동급수기	34. 싸이로
7. 니플	35. 삭 제(2008.2.22.)
8. 부리절단기	36. 사료저장탱크
9. 포유기	37. 축산분뇨제거기
10. 양돈케이지	38. 축산용 정화조
11. 삭 제(2008.2.22.)	39. 축산분뇨용 교반기
12. 삭 제(2008.2.22.)	40. 축산용 분뇨펌프
13. 이표기	41. 축산분뇨고액분리기
14. 삭 제(2008.2.22.)	42. 삭 제(2008.2.22.)
15. 삭 제(2008.2.22.)	43. 축산분뇨발효건조기
16. 임신진단기	44. 축산분뇨살포기
17. 음수투약기	45. 축산분뇨저장탱크
18. 목책기	46. 축산분뇨포장기
19. 삭 제(2008.2.22.)	47. 산란상
20. 집란기	48. 난좌
21. 계란선별기 (2008.2.22. 개정)	49. 바닥재(플라스틱, 콘스라트재에 한함)
22. 삭 제(2008.2.22.)	50. 사료통
23. 삭 제(2008.2.22.)	51. 벌통
24. 집란벨트	52. 채밀기(採蜜器)
25. 부화기	53. 소초(巢礎)세트[소초광(巢礎筐)·사양기(飼養器) 및 격리판으로 구성된 것을 말한다]
26. 착유기	
27. 삭 제(2008.2.22.)	
28. 삭 제(2008.2.22.)	

[별표 5] 영세율이 적용되는 임업용 기자재
(「농·축산·임·어업용 기자재 및 석유류에 대한 부가가치세 영세율 및 면세적용 등에 관한 특례규정」 제3조 제5항)

1. 임업용 동력천공기
2. 임업용 약제주입기
3. 산불진화용 펌프(등짐펌프를 포함한다)
4. 임업용 동력기계 톱(동력가지절단기를 포함한다)
5. 임업용 윈치
6. 임업용 물받이 형 미끄럼틀
7. 트랙터부착형 집재기
8. 굴삭기부착형 집재기
9. 타워야더(Tower yarder)
10. 포워더(Forwarder)
11. 목재파쇄기
12. 톱밥제조기
13. 동력임내차
14. 밤수집기
15. 자동지타기

[별표 5의2] 영세율이 적용되는 친환경농업용 기자재
(「농·축산·임·어업용 기자재 및 석유류에 대한 부가가치세 영세율 및 면세적용 등에 관한 특례규정」 제3조 제6항)

1. 키토산(농촌진흥청장이 고시한 품질규격을 충족한 것에 한한다)
2. 목초 액(국립산림과학원장이 고시한 품질규격을 충족한 것에 한한다)
3. 천적(농촌진흥청장이 고시한 품질규격을 충족한 것에 한한다)

[별표 6] 영세율 적용 어업용 기자재

1. 어 망
2. 부 자
3. 집어등(집어용 안정기·소켓 및 지지대를 포함한다)
4. 자동조상기
5. 양망기
6. 양승기
7. 통 발

8. 초 호
9. 낚 시
10. 연 승
11. 발 장
12. 해녀용 잠수복·잠수복지·물안경 및 태왁
13. 폴리에틸렌로프, 폴리에스테르로프 및 폴리프로필렌로프(수산업협동조합법에 의하여 설립된 수산업협동조합 또는 어촌계의 장으로부터 연근해 및 내수면 어업에 사용되는 것임을 확인받은 것에 한한다)
14. 총톤수 20톤 미만의 어업용 선박
15. 선박용 무선전화기
16. 선박용 기관
17. 선외내연기관(수산업협동조합법에 의하여 설립된 수산업협동조합 중앙회를 통하여 공급되는 것에 한한다)
18. 어선용 레이더
19. 위성항법장치
20. 비디오 플로터(Video Plotter)
21. 어군탐지기
22. 어선용 냉동기
23. 어망감시기
24. 샤클(Shackle)
25. 코스(Course)
26. 삭 제(2003.12.30.)
27. 전개판
28. 물돛(Sea Anchor)
29. 양식용수차
30. 김양식용유기산
31. 팜사
32. 진주양식용핵
33. 양식용양수기
34. 양식용 약품(「약사법」에 따른 동물용 의약품은 제외한다)
35. 패각분쇄기
36. 삭 제(2003.12.30.)
37. 어선용 호종
38. 삭 제(2003.12.30.)
39. 어선용 기적
40. 어선용 수온계
41. 어업용 면세유 착색제(「수산업협동조합법」에 따라 설립된 수산업협동조합중앙회를 통하여 공급되는 것으로 한정한다)
42. 고정식 크레인이 포함된 다목적 해상작업대(어작업 대행 또는 임대의 용도로 「수산업협동조합법」에 따른 수산업협동조합과 수산업협동조합중앙회 및 어촌계가 공급받는 경우로 한정한다)
43. 양식장 관리용 선박(어작업 대행 또는 임대의 용도로 「수산업협동조합법」에 따른 수산업협동조합과 수산업협동조합중앙회 및 어촌계가 공급받는 경우로 한정한다)

7. 농림어업의 영세율 및 부가세환급

1) 농림어업에 대한 영세율적용

(1) 적용의 범위

농민 또는 임업에 종사하는 자에게 공급하는 농업용, 축산업용, 임업용, 어업용 기자재에 대하여는 2022년 12월 31일까지(계속 연장되어 적용되고 있다.) 공급한 것에 대하여는 영세율을 적용한다(조세특례제한법 제105조 제1항 제5호, 제6호).

영세율 적용 공급에는 국가 및 지방자치단체와 「농업협동조합법」, 「엽연초생산협동조합법」 또는 「산림조합법」에 따라 설립된 각 조합 및 이들의 중앙회와 「농업협동조합법」에 따라 설립된 농협경제지주회사 및 그 자회사를 통하여 공급하는 것도 포함한다(조세특례제한법 제105조 제1항 제5호).

「농협협동조합법」에 따라 설립된 각 조합 및 중앙회가 자기 책임과 계산으로 농업용 기자재를 매입하여 농민에게 해당 농업용 기자재를 공급하는 경우 해당 조합 등이 그 농업용 기자재를 사업자로부터 매입하는 거래에 대하여도 영의 세율을 적용한다(부가가치세과-1607, 2010.12.3.).

그러나 농협이 농약 등을 판매목적으로 사업자로부터 취득하고 당해 농약 등을 농민에게 판매하는 경우, 사업자가 농협에 공급할 때는 과세되는 것이고 농협이 농민에 공급할 때에는 영세율이 적용된다(부가가치세과-934, 2010.7.19.).

(2) 농민의 범위

① 농민의 사업자등록과 영세율

농민의 범위는 아래에서 별도로 설명하였다. 여기서는 동 영세율과 관련된 부분만 설명한다.

농민은 사업자등록 여부에 관계없이 영세율이 적용된다(부가46015-1221, 1995.7.5.). 농민의 범위는 「특례규정」 제2조 제1항에 따르는 것이며, 이때 사업자등록을 한 개인사업자를 포함한다(조세특례제한법 집행기준 105-0-7 제3항).

간이과세자 또는 면세사업자인 농민도 농민의 범위에 포함된다(서면3팀-677, 2006.4.7.). 위탁사육계약에 의하여 수수료를 받고 가축을 키워주는 수탁사육업자는 특례규정 제2조의 규정에 의한 농민의 범위에 포함된다(부가가치세과-2067, 2008.7.17.).

② 법인도 포함

농민의 범위는 「통계법」 제17조의 규정에 따라 통계청장이 고시하는 한국표준산업분류표상의 농업 중 작물재배업, 축산업 또는 작물재배 및 축산복합농업에 종사하는 자로서 개인 및 법에 의하여 설립된 영농조합법인과 농업회사 법인이 포함된다(서면3팀-1090, 2006.6.13.).

영농조합법인은 농민에 해당하므로 공급받은 사료를 다시 조합원과 축산농민들에게 일반판매 하였다고 하더라도 부가가치세 영세율 적용대상이다(청주지법2003구합1627, 2004.5.21.).

영농조합은 「농업·농촌 및 식품산업 기본법」에 따라 설립된 영농조합법인에 해당하기는 하나, 동 영농조합은 축산업을 영위하는 자가 아니라 축산물폐기물 처리사업을 영위하는 사업자로서 농민에 해당하지 아니한 경우 영세율을 적용하지 않는다(조심2011중2673, 2011.11.16.).

③ 농민으로 보지 않는 경우

국가, 골프장, 대리점, 농민의 임의단체, 화원 등에 공급하는 경우에는 영세율이 적용되지 아니한다(부가46015-1486, 1997.7.1.).

양계협회 등은 농민의 범위에 포함되지 아니하여 영세율이 적용되지 아니하고, 축산업협동조합이 자체사용 목적으로 공급받은 기자재는 농민에게 직접 공급된 것이 아니므로 영세율이 적용되지 아니한다(부가46015-2017, 1996.9.25.).

「조세특례제한법」 제105조 제1항 제5호 및 「농·축산·임·어업용 기자재 및 석유류에 대한 부가가치세 영세율 및 면세 적용 등에 관한 특례규정」 제2조 제1항 제5호 규정의 가축계열화 사업자가 동 규정 제3조 제4항에 의한 [별표 2] 영세율이 적용되는 축산업용 기자재를 공급받는 경우에는 부가가치세 영의 세율이 적용되지 않는다(부가가치세제과-312, 2008.8.22.).

농민에게 위탁사육하거나 계약 사육하는 축산업을 주업으로 하는 법인으로서 농림부장관이 고시하는 계열화사업자가 사료(「부가가치세법」 제12조의 규정에 의하여 면세되는 것은 제외)를 공급받는 경우에는 영세율을 적용된다.

다만, 2006.7.1. 이후 계열화사업자가 직접 사육에 사용하기 위하여 가축용 사료를 공급받는 경우에는 영세율이 적용되지 아니한다(서면3팀-3233, 2006.12.22.).

(3) 농업용으로 사용

농민 등에게 공급되고 농민 등이 농업용 등으로 사용하는 경우에만 영세율이 적용된다. 농민에게 공급한 후 해당 농민이 농업용 외의 목적으로 사용하는 경우에는 영세율이 적용되지 아니한다(조세특례제한법 집행기준 105-0-7 제4항).

반면 농민이면서 농기계 소매업을 영위하는 개인사업자가 판매목적으로 취득한 농업용 기계를 자기의 영농에 사용하는 경우 영세율이 적용된다(부가가치세과-407, 2009.3.26.).

농민 또는 임업에 종사하는 자가 축산업용 기자재를 자체 생산한 계란에 사용하기 위하여 공급받는 경우에는 영세율 적용 대상이나, 타인으로부터 구입하여 판매하기 위한 계란에 사용하는 경우에는 영세율 적용 대상이 아닌 것이다(부가가치세과-805, 2014.9.30.).

(4) 계산서 발행

부가가치세 영세율이 적용되는 동 기자재의 제조업자가 기자재를 사업자가 아닌 농어민에게 직접 공급하는 경우에는 「부가가치세법」 제32조 제1항에 따라 영수증을 발급할 수 있다(조세특례제한법 기본통칙 105-0…6).

(5) 영세율 대상 재화

① 비료

「비료관리법」에 따른 비료가 영세율 대상이다(조세특례제한법 제105조 제1항 제5호 가목, 특례규정 제3조 제1항). 비료에는 비료와 육묘용 흙이 혼합된 것을 포함한다(특례규정 제3조 제1항). 「비료관리법」 상의 상토를 농민에게 공급하는 경우에는 「영세율을 적용한다(부가가치세과-1023, 2014.12.30.).

비료생산업자가 음식물류폐기물을 가공하여 만든 퇴비는 부가가치세 영세율이 적용되는 비료에 해당하여 영의 세율이 적용된다. 그러나 실제로 비료에 해당하는지 여부는 관련사실을 종합하여 사실 판단한다(부가46015-383, 1997.2.21.).

수입된 낙명(일명: 패면, Cotton waste)은 비료에 해당되지 아니하므로 영세율이 적용되지 않는다(부가46015-4304, 1999.10.25.).

지방자치단체가 비료(비료와 육묘용 흙이 혼합된 것을 포함)를 농민에게 공급하는 경우 영의 세율이 적용되지만(서면3팀-9, 2007.1.2.), 지방자치단체에 공급하는 경우에는 당해 규정에 의한 영세율이 적용되지 않는다(서면3팀-2541, 2004.12.14.).

② 농약

농약은 「농약관리법」 제8조 본문 및 제17조 제1항에 따라 농촌진흥청에 등록된 농약을 말한다(조세특례제한법 제105조 제1항 제5호 나목, 특례규정 제3조 제2항).

그러나 저곡해충 약(貯穀害蟲藥), 고독성 농약 및 어독 성(魚毒 性) 1급인 보통독성 농약은 제외한다(특례규정 제3조 제2항).

③ 농업용 기계

농업용 기계의 범위는 「특례규정」 [별표 1]에 정하고 있다(조세특례제한법 제105조 제1항 제5호 다목, 특례규정 제3조 제3항). 영세율이 적용되는 농업기계라 함은 「농업기계화촉진법」에서 규정하는 농업기계를 말하는 것으로서 그 해당 여부는 관할부처인 농림부에 문의하여야 한다(서면3팀-1360, 2007.5.4.).

특례규정 [별표 1] 영세율 적용 농업용 기계

1. 동력경운기 및 부속작업기
2. 농용트랙터 및 부속작업기
3. 관리기 및 부속작업기
4. 동력이앙기 및 부속작업기
5. 목책 기(농작물 보호용만 해당한다)
6. 스피드스프레이
7. 삭 제(2008.2.22.)
8. 콤바인
9. 곡물건조기
10. 삭 제(2006.2.9.)
11. 삭 제(2010.2.18.)
12. 동력중경제초기
13. 동력수확기
14. 농산물 건조기
15. 동력상토조제기
16. 동력이식 기
17. 농업용 난방기
18. 잎담배건조 레이크이송기
19. 농업용 병충해방제기
20. 삭 제(2006.2.9.)
21. 삭 제(2006.2.9.)
22. 동력탈곡기
23. 동력휴립 기
24. 삭 제(2006.2.9.)
25. 동력시비기
26. 삭 제(2008.2.22.)
27. 동력탈피기 및 박피기
28. 농산물 결속기
29. 농산물 운반대 및 운반차
30. 농산물 세척기
31. 동력심경기
32. 삭 제(2008.2.22.)
33. 동력구굴기
34. 동력가지절단기 및 파쇄기
35. 동력수피기 및 파쇄기
36. 삭 제(2006.2.9.)
37. 동력비닐피복기 및 동력피복개폐기
38. 육묘상자
39. 삭 제(2006.2.9.)
40. 파종기
41. 농업용 스프링쿨러
42. 버섯재배소독기
43. 삭 제(2006.2.9.)
44. 농산물 선별기 및 정선기
45. 삭 제(2006.2.9.)
46. 삭 제(2006.2.9.)
47. 삭 제(2008.2.22.)
48. 삭 제(2006.2.9.)

동일 및 유사한 용도에 사용되는 기자재라 하더라도 동「특례규정」[별표 1]에 열거되어 있지 아니한 농업용 기자재에 대하여는 영세율이 적용되지 아니한다(서면3팀-2122, 2004.10.18.).

영세율이 적용되는 농업용 기자재란「농·축산·임·어업용기자재 및 석유류에 대한 부가가치세 영세율 및 면세 적용 등에 관한 특례규정」제3조 [별표 1]에 열거되어 있는 것에 한정하며, 이 경우 해당 농업용 기자재에는 신제품뿐만 아니라 중고품을 포함한다(조세특례제한법 집행기준 105-0-7 제1항).

영세율이 적용되는 농업기계 중 목책(울타리) 기기(농작물보호용)를 공급하면서 필수적으로 사용되는 기자재인 지주 대, 울타리전선, 절연체를 필수적으로 부수하여 직접 조립·설치용역을 공급하는 것 같이「농·축산·임·어업용 기자재 및 석유류에 대한 부가가치세 영세율 및 면세 적용 등에 관한 특례규정」[별표 1]에 따른 농업기계를 공급하면서 본래의 기능을 수행할 수 있도록 그 구성 품으로 공급되는 부수자재와 필수적으로 부수하여 공급되는 직접 조립·설치용역은 주된 재화에 포함되어 영의 세율이 적용된다(사전법령부가-17, 2015.5.15.).

그러나 사업자가 농업용 기자재의 부품만을 별도 공급하는 경우 해당 부품의 공급에 대하여는 영세율을 적용하지 아니한다(조세특례제한법 집행기준 105-0-7 제2항).

이하 종류별 영세율 사례이다.

〈표 14〉 종류별 영세율 사례

종류	사례
농업용 난방기	• 영세율 적용대상 농업용 난방기를 공급하면서 농업용 난방기의 구성부품으로 공급되는 부수자재나 필수적으로 부수하여 직접 조립·설치를 위한 인적용역을 공급하는 경우 당해 부수자재나 인적용역은 재화인 농업용 난방기에 포함되어 부가가치세 영세율이 적용된다. 그러나 농업용 난방기의 구성부품으로 부수하여 공급하지 아니하거나 조립·설치를 위한 인적용역만을 별도로 공급하는 경우에는 영세율이 적용되지 않는다(부가가치세과-166, 2014.3.7.). • 갈탄보일러가 [별표 1]의 농업용 난방기에 해당하고 농민에게 농업용으로 공급하는 경우에는 부가가치세 영의 세율이 적용된다(서면3팀-1360, 2007.5.4.). • 하우스 난방시스템이 [별표 1]의 농업용 난방기에 해당하고 농민에게 농업용으로 공급하는 경우에는 부가가치세 영의 세율이 적용되는 것으로서 그 해당 여부는 관할부서인 농림부에 문의할 사항이다(서면3팀-1013, 2005.7.4.). • 지방자치단체에서 보급 사업으로 영세율 적용대상인 농업용 난방기를 농민에게 공급하면서 농민이 지방자치단체에 구매와 설치(설계, 발주, 감독)를 의뢰하고 지방자치단체에서 다시 위탁하여 구매발주와 설치공사에 대한 감독이 이루어진 후 공급되는 경우 해당 농업용 난방기는 농민이 지방자치단체를 통하여 위탁하여 매입하는 것으로 영세율 적용대상이며, 이 경우 「부가가치세법 시행령」 제58조 제2항에 따라 세금계산서를 수수한다(법규부가2010-377, 2011.1.18.).

종류	사례
운송용 장비	• 부가가치세 영세율이 적용되는 농산물 운반 대 및 운반차라 함은 농업·축산업 겸용기계로써 이송작업용에 사용되는 기계로써 탑재된 엔진의 동력을 이용하여 자주식 또는 궤도 식에 의하여 습답, 과수원 등 경작지에서 농산물을 운반하는 작업기와 동 농산물 등의 상하차와 관련하여 이송하는 기계를 말한다(재소비 46015-209, 2001.8.14., 부가가치세과-881, 2013.9.26.에서 인용.). • 농용트랙터에 장착하여 농산물을 담아 이동하는 용도로 사용되는 '곡물적재함'은 농용트랙터의 부속작업기로서 부가가치세 영세율이 적용되는 농업기계에 해당한다(부가가치세제과-192, 2014.3.7.).
병충해용 장비	• 농업용 비닐하우스 내에 농업용 병충해방제기로 무인 농업용 병충해 방제기로 레일을 설치하여 자동으로 이동하도록 하여 농약 살포를 하는 경우 농산물 운반 대 및 농업용 병충해방제기로 사용되는 무인방제기는 [별표 1]의 제19호 및 제29호에 규정된 영세율이 적용되는 농업기계에 해당한다(부가46015-4940, 1999.12.16.). • [별표 1] 제19호에 열거된 농업용 병충해방제기에 해당하는 과수유아등 및 태양광유아등을 농민에게 공급하는 경우에는 영세율이 적용된다(부가가치세과-910, 2010.7.16.). • 유인제와 빛(해충유인램프)을 이용하여 나방 및 해충, 벌레 등을 유인하여 전기충격방식으로 살충하는 병충해방제기(고정식에 한한다.)를 농민에게 공급하여 농업에 사용되는 경우에는 영세율이 적용되는 농업기계에 해당한다(부가가치세제과-354, 2010.5.28.). • 사업자가 고추 모종을 심은 상태에서 유공을 덮어주어 잡초 등의 성장을 억제하는 잡초 성장억제용 고정덮개를 발명하여 특허 등록한 후 농민에게 공급하는 경우 동 기자재는 부가가치세가 환급되는 농업용 기자재에 해당되지 않는다(사전법령부가-195, 2019.4.29.).

종류	사례
가공장비	• 사업자가 「농·축산·임·어업용 기자재 및 석유류에 대한 부가가치세 영세율 및 면세 적용 등에 관한 특례규정」 [별표 1] 14호 농산물 건조기, 27호 동력탈피기 및 박피기, 30호 농산물 세척기에 해당하는 마늘양파건조기, 마늘양파탈피기, 마늘양파세척기를 농민에게 공급하여 농업에 사용되는 경우에는 영세율이 적용된다(부가가치세과-1033, 2010.8.9.).
분류장비	• 영세율이 적용되는 선과기는 원동기, 이송 부, 선별 부(저울·망) 등으로 구성되어 동력을 이용하여 사과, 배 등 과일을 중량별 또는 크기별로 선별하는 것이다(농림부 기계51130-2382, 1994.7.14., 농림부 기자51070-110, 2000.3.2.). • [별표 1] 제44호에 선별기로만 열거되어 있어 선별기 또는 선과기와 일체를 이루고 있는 기계장치라 하더라도 그 부가설비는 부가가치세 영세율 적용대상이 아니다(국심2000광217, 2000.10.18. 같은 뜻임). 따라서 양파선별시스템 중 양파선별기를 제외한 재화 및 용역공급부분과 선과기 중 중량선별기 및 자동투입 부를 제외한 나머지 기계장치는 선별기 또는 선과기의 부가설비로 보아 과세한다(국심2000전794, 2000.11.23.).
환기 환풍 장비	• 무인 무동력 환기창(피복 개폐기)은 [별표 1]의 규정에 의하여 부가가치세 영세율이 적용되는 농업기계에 해당하지 아니한다(부가46015-2867, 1999.9.17.). • 시설재배작물 재배와 관련하여 탄산가스투입량을 자동으로 조절해 주는 농업용 탄산가스제어기는 [별표 1]에 열거되어 있는 영세율이 적용되는 농업기계에 해당되지 아니하므로 부가가치세 영세율을 적용받을 수 없다(부가46015-1958, 1998.8.31.).

종류	사례
육묘장비	• 씨앗을(밀, 보리, 메밀, 콩 등) 발아시켜 육모 또는 먹을 수 있도록 기르는 종자 발아 및 재배기는 [별표 1]의 38호에 규정된 농작물의 이앙 및 이식 등 농작업의 기계화를 위한 기구인 육묘상자에 해당되지 아니한다(재경원소비46070-250, 1995.11.14.). • 농업회사 법인이 난좌를 구입하여 축산업에 직접 사용하거나 소비하는 경우 영세율 적용 대상이지만 난좌를 도매업에 사용하거나 소비하는 경우에는 영세율 적용 대상이 아니다(부가가치세과-1293, 2011.10.20.).
포장 용기 장비	• 스치로폼 고기 및 과일상자는 [별표 1] 및 [별표 2]에 열거되어 있지 아니하므로 부가가치세 영세율이 적용되는 농업기계 및 어업용 기자재에 해당하지 아니한다(부가46015-805, 1998.4.22.).
퇴비 시설	• 퇴비사는 농축산임어업용 기자재의 범위에 속하지 아니하여 영세율이 적용되지 않는다(부가46015-4071, 2000.12.18.).
기타 사례	• 원형버섯 균 상자는 [별표 1]의 육묘상자에 해당되지 않는 것이고, 농업용 운반 대는 [별표 1]의 농산물운반 대 및 운반차에 해당되며, 스프링클러 시설 중 고압분무기, 분사노즐은 [별표 1]의 농업용 스프링쿨러에 해당되고, 농업용 난방기를 버섯재배를 위하여 온수보일러를 버섯재배 사 내부에 설치하는 경우는 [별표 1]의 농업용 난방기에 해당된다(부가46015-2003, 1998.9.4.). • 종자봉입 기와 동력파종 기는 [별표 1]의 농업기계에 해당되어 부가가치세 영세율이 적용되는 것이나 펄프테이프는 동 규정에 의한 농업기계에 해당되지 아니한다(부가46015-2829, 1998.12.22.).

④ 축산업용 기자재

영세율이 적용되는 축산업용 기자재는 다음 표의 축산업용 기자재이다(조세특례제한법 제105조 제1항 제5호 라목, 특례규정 제3조 제4항). 사업자가 축산업용 기자재(목책 기)를 축산업이 아닌 작물재배업을 영위하는 농민에게 공급하는 경우에는 영세율을 적용할 수 없다(부가가치세과-921, 2012.9.7.).

특례규정 [별표 2] 영세율 적용 농업용 기계

1. 육추기	20. 집란기
2. 양계용케이지	21. 계란선별기 (2008.2.22. 개정)
3. 축산급이기	22. 삭 제(2008.2.22.)
4. 삭 제(2008.2.22.)	23. 삭 제(2008.2.22.)
5. 삭 제(2008.2.22.)	24. 집란벨트
6. 자동급수기	25. 부화기
7. 니플	26. 착유기
8. 부리절단기	27. 삭 제(2008.2.22.)
9. 포유기	28. 삭 제(2008.2.22.)
10. 양돈케이지	29. 원유냉각기
11. 삭 제(2008.2.22.)	30. 삭 제(2008.2.22.)
12. 삭 제(2008.2.22.)	31. 사료배합기
13. 이표기	32. TMR배합기
14. 삭 제(2008.2.22.)	33. 사료절단기
15. 삭 제(2008.2.22.)	34. 싸이로
16. 임신진단기	35. 삭 제(2008.2.22.)
17. 음수투약기	36. 사료저장탱크
18. 목책기	37. 축산분뇨제거기
19. 삭 제(2008.2.22.)	38. 축산용 정화조

39. 축산분뇨용 교반기	48. 난좌
40. 축산용 분뇨펌프	49. 바닥재(플라스틱, 콘스라트재에 한함)
41. 축산분뇨고액분리기	50. 사료통
42. 삭 제(2008.2.22.)	51. 벌통
43. 축산분뇨발효건조기	52. 채밀기(採蜜器)
44. 축산분뇨살포기	53. 소초(巢礎)세트[소초광(巢礎筐)·사양기(飼養器) 및 격리판으로 구성된 것을 말한다]
45. 축산분뇨저장탱크	
46. 축산분뇨포장기	
47. 산란상	

양돈 분만틀과 임신사 스톨은 양돈케이지에 해당하여 영세율이 적용된다(기준법령부가-317, 2019.4.11.).

이하 종류별 영세율 사례이다.

〈표 15〉 종류별 영세율 사례

종류	사례
계란 보호 장비	• 난상패드(플라스틱 매트)는 특수한 구조의 매우 유연한 잔디로 되어 파란을 방지하며, 패드 하단부가 뚫려있는 구조로 계란 오염을 방지하는 것이다. 축산업용 기자재 중 산란 상에 해당하는 난상패드를 수입하여 농민에게 공급하는 경우(「농업협동조합법」에 의해 설립된 조합 및 중앙회를 통해 공급하는 것을 포함)에는 영세율을 적용한다(법규부가2014-27, 2014.2.4.). • 계란을 담는 난좌는 [별표 2]에 규정하는 영세율이 적용되는 축산업용 기자재에 해당되어 영세율 적용대상이다(부가46015-1763, 1996.8.30.).

종류	사례
분뇨 관리 장비	• 콘크리트 공사로 설치한 분뇨저장탱크는 '가축사육시설에서 배출되는 축산분뇨의 원활한 처리를 위한 저장용기로써 저장탱크의 용량도 가축 사육두수에 알맞은 규모로 설치되어야 하는 것으로, 가축 사육형태가 전업 화·규모 화됨에 따라 양축농가에서는 처리용량에 알 맞는 상품화된 분뇨 저장탱크의 구입이 지난하여 구조물로 설치하고 있는 실정이며 처리방법에 따라 설치구조는 다소 차이가 있는바(농림부 축영51520-671, 1997.12.26.)', 동 축산 분뇨탱크는 단일적인 구조물에 해당되는 경우 영세율이 적용되는 축산업용기자재에 해당한다(조심2011구1179, 2012.5.8.). • 축산폐수 처리시설은 농림부 축영51520-671(1997.12.26.)호에 의거 특례규정 [별표 4]의 축산분뇨저장탱크에 해당한다(부가46015-2923, 1997.12.29.). 농림부는 BOBCAT S130 농용로우더는 축산분뇨제거기에 해당된다고 유권해석 하였다(농림부 축산경영과-2876, 2005.8.3.). 그럼에도 국세청은 축산분뇨기에 해당하지 않는다고 유권해석 하였었다(국세청 법규과-227, 2005.9.15.). 다시 축사 내 축산분뇨제거를 위하여 구입하는 농용로우더(BOBCAT S130)는 축산분뇨제거기에 해당한다고 하였다(소비세제과-390, 2006.3.31.). • 사업자가 축산기자재 등을 사용하여 축산폐수 정화시설을 시공하여 주고 그 대가를 일괄하여 받는 경우에는 용역의 공급에 해당하여 부가가치세가 과세되는 것이며, 영의 세율이 적용되지 아니한다(부가 46015-664, 1999.3.12.). 영세율 적용대상인 농업용 기계를 농민에게 공급하면서 농업용기계의 공급에 부수하여 설치용역 등을 공급하는 경우에는 농업용기계의 공급에 포함하여 영세율이 적용된다. 그러나 농업용기계의 공급에 부수하지 아니하고 별도로 공급하는 설치용역 등은 영세율이

종류	사례
	적용되지 아니한다(서면3팀-1207, 2008.6.17.). 축산분뇨 처리시설을 제조 및 판매하는 사업자가 [별표2]에 따른 축산업용 기자재인 축산분뇨 처리시설을 농업회사 법인에 공급하며 해당 시설의 본래의 기능을 수행할 수 있도록 그 구성 품으로 공급되는 부수자재와 이에 부수하여 직접 조립 및 설치하는 건설용역을 함께 공급하는 경우 주된 재화인 축산업용 기자재에 포함되어 영의 세율이 적용된다(사전법령부가-875, 2018.1.23.). 결국 영세율이 적용되는 기자재인 재화의 본래 기능을 위하여 부수적으로 공급하는 경우에는 영세율이 적용되지만 별도 공급되는 경우에는 과세된다. • 축산분뇨 저장탱크가 바닥, 몸통, 지붕으로 구성되어 있고, 바닥부분이 없이는 몸통 등을 설치할 수가 없어 축산분뇨 저장탱크 본래의 기능을 할 수 없는 경우에는 바닥부분도 축산분뇨저장탱크의 일부분으로 보아 부가가치세 영세율이 적용대상이 된다(재경부소비46015-81, 2002.3.27.).
온도 관리 설비	• 히트 펌프, 지열 교환기, 온수 배관 및 닥트, 송풍기 팬 모터 등을 설치하여 일정한 온도의 지하공기 및 대기 중의 공기 열을 사용하여 냉난방을 함으로써 에너지 절감을 이룰 수 있는 난방시스템 설치공사가 영세율 적용대상인지와 관련한 판례이다. 국세청 예규(부가가치세과-1347, 2009.9.22 및 부가가치세과-1870, 2009.12.23.)에 의하면, 지열 히트 펌프가 「농업기계화 촉진법」에서 규정하는 농업기계에 해당하는지 여부를 소관부처인 농림수산식품부장관에 문의하여, 그 회신을 첨부하여 재질의하라고 회신하였고, 농림수산식품부장관의 질의회신을 첨부하여 국세청장에게 재 질의하자, 법인이 전문공사 등 용역공급에 해당하는지 여부에 대하여 사실관계를 보완하여 재 질

종류	사례
	의하라고 회신한 것으로 되어 있다. 회신(농산경영과-2136, 2009.10.18.)에 의하면 지열히트펌프 등은 「농업기계화촉진법」 제2조 제1호 다목의 '농림축산물 생산시설의 환경제어와 자동화에 사용되는 기계·설비 및 그 부속기자재'에 포함되므로 농업기계에 해당된다고 되어 있으나, 농림수산식품부에 질의한 질의서에는 법인이 비닐하우스 시설재배 농가 등에 지중 열 난방시스템의 설치 및 공급을 주업으로 하는 업체이고, 지중 열 난방시스템은 사계절 저온의 채소를 재배할 경우 주로 설치 사용하는 시스템이라고 되어 있다. 농림수산식품부장관이 쟁점 공사가 농업기계에 해당한다고 회신한 것은 공사가 농업용인 경우를 전제로 한 것인데 동 공사는 축산시설 현대화를 위한 것으로 농업용이 아닌 축산용으로, 영세율이 적용되는 축산용 기자재에 축산용 난방기는 포함되어 있지 않은 점 등을 감안할 때 영세율이 적용될 수 없다(조심2011부1249, 2011.7.19.).
버섯 재배 장비	• 버섯재배용 용기(버섯재배용 상자, 병마개 등)는 영세율이 적용되는 농업기계에 해당되지 아니한다(부가46015-2100, 1994.10.18.). • 농가가 버섯재배용 배지만을 만들기 위해 사용하는 느타리버섯볏짚압축절단기계는 [별표 1]의 동력절단기에 해당된다(부가46015-2005, 1998.9.4.).

⑤ **사료**

영세율 적용대상 사료는 「사료 관리법」에 따른 사료로 「부가가치세법」 제26조에 따라 부가가치세가 면제되는 것은 제외한다(조세특례제한법 제105조 제1항 제5호 마목).

사업자가 사료를 작물생산업, 축산업 또는 복합농업에 종사(「통계법」 제17조의 규정에 따라 통계청장이 고시하는 한국표준산업분류표상의 농업 중 작물재배업·축산업 또는 작물재배 및 축산복합농업에 종사하는 자)하는 개인 및 영농조합법인과 농업회사 법인에 공급하는 경우에는 영세율이 적용된다.

그러나 당해 영농조합법인과 농업회사 법인이 사료를 판매하는 경우 판매용으로 동 법인에 공급하는 사료는 영세율이 적용되지 아니한다. 또한 사료를 판매하는 영농조합법인 등이 사료제조업체로부터 판매수수료 등을 받는 경우 판매수수료에 대하여는 부가가치세가 과세된다(부가 46015-1081, 1998.5.22.).

사료사업과 면세 축산업인 가축계열화사업을 영위하는 기업이 생산한 사료를 가축계열화사업에서 사용하는 것은 자가 공급으로 재화의 공급으로 보아 부가가치세가 과세된다. 사료회사가 가축계열화사업자에게 공급하는 사료는 영세율이 적용되므로 영세율 세금계산서를 발급하여야 한다(법규부가2014-287, 2014.8.26.).

사료제조업체가 「농어업 경영 체 육성 및 지원에 관한 법률」에 따른 영농조합법인의 주주 또는 조합원인 농민에게 사료를 공급하면서 해당 영농조합 법인을 공급받는 자로 하여 영세율세금계산서를 발급하고 그 영농조합법인은 주주나 조합원간의 사료 공동구매를 통한 염가구매 또는 판매 장려금 수령 목적으로 그 영세율세금계산서를 발급받은 경우 해당 사료제조업체의 그 농민에 대한 사료 공급은 영세율이 적용되는 것으로 사료제조업체는 해당 영농조합 법인에게 영세율세금계산서를 발급하고 해당 영농조합법인은 발급받은 영세율세금계산서의 공급가액 범위 안에서 사료를 실제 공급받은 그 농민에게 영세율세금계산서를 발급할 수 있다(부가가치세과-11, 2011.1.4.).

다만, 해당 조합 등이 농민 이외의 자에게 공급하기 위하여 매입하는 경우 영의 세율을 적용할 수 없다(부가가치세과-1612, 2010.12.6.).

사업자가 가축을 농민에게 위탁사육하기 위하여 「농·축산·임·어업용 기자재 및 석유류에 대한 부가가치세 영세율 및 면세 적용 등에 관한특례규정」 제2조 제1항 제5호에 규정하는 가축계열화사업 법인임을 확인받아 「사료관리 법」에 따른 사료를 확인서상의 유효기간에 구입하는 경우 「조세특례제한법」 제105조 제1항의 영세율규정을 적용한다(부가가치세과-121, 2012.2.3.).

⑥ 임업용 기자재

임업용 기자재는 다음 표의 임업용 기자재 중 「산림조합법」에 따라 설립된 조합 또는 중앙회의 장으로부터 영림업용 또는 벌목업용으로 사용되는 것임을 확인받은 것에 한한다(조세특례제한법 제105조 제1항 제5호 바목, 특례규정 제3조 제5항).

특례규정 [별표 3] 영세율 적용 임업용 기자재

1. 임업용 동력천공기	8. 굴삭기부착형 집재기
2. 임업용 약제주입기	9. 타워야더(Tower yarder)
3. 산불진화용 펌프(등짐펌프를 포함한다)	10. 포워더(Forwarder)
4. 임업용 동력기계 톱(동력가지절단기를 포함한다)	11. 목재파쇄기
5. 임업용 윈치	12. 톱밥제조기
6. 임업용 물받이 형 미끄럼틀	13. 동력임내차
7. 트랙터부착형 집재기	14. 밤수집기
	15. 자동지타기

⑦ 유기농 어업자재

유기농 어업자재는 「친환경농어업 육성 및 유기식품 등의 관리·지원에 관한 법률」에 따른 유기농어업자재로서 다음 표의 친환경 농업용 기자재를 말한다(조세특례제한법 제105조 제1항 제5호 사목, 특례규정 제3조 제6항).

특례규정 [별표 3의2] 영세율 적용 임업용 기자재: 친환경농업용 기자재

1. 키토산(농촌진흥청장이 고시한 품질규격을 충족한 것에 한한다)
2. 목초 액(국립산림과학원장이 고시한 품질규격을 충족한 것에 한한다)
3. 천적(농촌진흥청장이 고시한 품질규격을 충족한 것에 한한다)

영세율이 적용되는 목초 액은 「친환경농업육성법」에 의한 친환경 농산물의 생산을 위한 자재로서 [별표 3의 2]의 목초 액(국립산림과학원장이 고시한 품질규격을 충족한 것에 한한다.)을 말한다(서면3팀-2615, 2006.11.1.).

⑧ 어업용 기자재

연근해 및 내수면어업용으로 사용할 목적으로 어민에게 공급하는 어업용 기자재에 대한 부가가치세의 경우에는 2022년 12월 31일까지 공급에 대하여 영세율을 적용한다(조세특례제한법 제105조 제1항 제6호). 영세율이 적용되는 공급에는 「수산업협동조합법」에 따라 설립된 각 조합 및 어촌계와 「농업협동조합법」에 따라 설립된 각 조합 및 이들의 중앙회를 통하여 공급하는 것을 포함한다(조세특례제한법 제105조 제1항 제6호).

수산업협동조합은 어민의 범위에 해당하지 아니한다(법규부가2012-186, 2012.5.9.). 「상법」의 규정에 의하여 설립된 주식회사 등이 연근해어업을 영위하며 어업용 기자재를 구입하는 경우에는 영세율이 적용되지 아니한다(부가46015-4657, 1999.11.20.).

영세율이 적용되는 어업용 기자재는 「사료관리법」에 따른 사료(「부가가치세법」 제26조에 따라 부가가치세가 면제되는 것은 제외한다.)와 다음 표의 기자재이다(조세특례제한법 제105조 제1항 제6호, 특례규정 제3조 제7항).

특례규정 [별표 4] 영세율 적용 어업용 기자재

1. 어 망
2. 부 자
3. 집어등(집어용 안정기·소켓 및 지지대를 포함한다)
4. 자동조상기
5. 양망기
6. 양승기
7. 통 발
8. 초 호
9. 낚 시
10. 연 승
11. 발 장
12. 해녀용 잠수복·잠수복지·물안경 및 태왁
13. 폴리에틸렌로프, 폴리에스테르로프 및 폴리프로필렌로프(수산업협동조합법에 의하여 설립된 수산업협동조합 또는 어촌계의 장으로부터 연근해 및 내수면 어업에 사용되는 것임을 확인받은 것에 한한다)
14. 총톤수 20톤 미만의 어업용 선박
15. 선박용 무선전화기
16. 선박용 기관
17. 선외내연기관(수산업협동조합법에 의하여 설립된 수산업협동조합중앙회를 통하여 공급되는 것에 한한다)
18. 어선용 레이더
19. 위성항법장치
20. 비디오 플로터(Video Plotter)
21. 어군탐지기
22. 어선용 냉동기
23. 어망감시기
24. 샤클(Shackle)
25. 코스(Course)
26. 삭 제(2003.12.30.)
27. 전개판
28. 물돛(Sea Anchor)
29. 양식용수차

30. 김양식용유기산
31. 팜사
32. 진주양식용핵
33. 양식용양수기
34. 양식용 약품(「약사법」에 따른 동물용 의약품은 제외한다)
35. 패각분쇄기
36. 삭 제(2003.12.30.)
37. 어선용 호종
38. 삭 제(2003.12.30.)
39. 어선용 기적
40. 어선용 수온계
41. 어업용 면세유 착색제(「수산업협동조합법」에 따라 설립된 수산업협동조합중앙회를 통하여 공급되는 것으로 한정한다)
42. 고정식 크레인이 포함된 다목적 해상작업대(어작업 대행 또는 임대의 용도로 「수산업협동조합법」에 따른 수산업협동조합과 수산업협동조합중앙회 및 어촌계가 공급받는 경우로 한정한다)
43. 양식장 관리용 선박(어작업 대행 또는 임대의 용도로 「수산업협동조합법」에 따른 수산업협동조합과 수산업협동조합중앙회 및 어촌계가 공급받는 경우로 한정한다)

〈표 16〉 종류별 영세율 사례

종류	사례
공통	• [별표 4)에 따라 영세율이 적용되는 어망, 부자, 폴리에틸렌로프 및 폴리프로필렌로프와 해당 기자재의 사용을 위하여 필수적으로 부수되는 부품을 하나의 공급단위로 연근해 및 내수면어업용으로 사용할 목적으로 같은 어민에게 공급하는 경우에는 영세율이 적용된다. 다만, 해당 부품을 별도로 공급하는 경우에는 영세율이 적용되지 아니한다(서면법규과-1371, 2013.12.17.).
사료	• 사료를 연근해 및 내수면어업용으로 사용할 목적으로 「수산업법」 제9조의 2의 영어조합법인에게 공급(수산업협동조합법에 의하여 설립된 각 조합 및 어촌계와 농업협동조합법에 의하여

종류	사례
	설립된 각 조합 및 이들의 중앙회를 통하여 공급하는 것을 포함한다.)하는 경우에는 영세율이 적용된다(서면3팀-1642, 2005.9.29.).
부자(찌)	• [별표 4] 규정되어 있는 부자와 동 부자의 사용을 위하여 필수적으로 부수되는 부품(부자용 깔판, 연결파이프, 부레, 부레 망, 코너 블럭, 고정 볼트, 고정너트 등)을 하나의 공급단위로 어민에게 공급하는 경우에는 영세율이 적용되는 것이나, 동 부품을 별도로 공급하는 경우에는 영세율이 적용되지 아니한다(부가46015-1887, 2000.8.5., 서면-2015-법령해석부가-1220[법령해석과-2594], 2015.10.05.).
해상작업대	• 수하식양식장 및 가두리식양식장의 작업시설 중 고정식 크레인이 포함된 다목적 해상작업대는 「수산업협동조합법」에 따른 수산업협동조합과 수산업협동조합중앙회 및 어촌계가 어작업 대행 또는 임대용으로 공급받는 경우에 한하여 영세율이 적용된다(서면부가-2455, 2018.4.30.).
어선과 설비	• 사업자가 총톤수 20톤 미만의 어업용 선박을 어민에게 공급하는 경우 영세율 적용대상이 된다(부가46015-66, 1999.1.7.). • 사업자가 선박용 기관(엔진)만을 별도로 공급하는 경우에는 영의 세율이 적용되지 아니한다(부가22601-1444, 1992.9.19.). • 오징어 조업선의 3대 기자재 중 가장 중요한 씨-앙카는 영세율이 적용되는 어업용 기자재에 해당되지 아니한다(심사부가99-275, 1999.6.25.). • 「수산업법」에 따른 어업허가를 받고 「낚시 관리 및 육성법」에 따른 낚시어선업의 신고를 한 어민이 연근해어업과 낚시어선업에 사용할 목적으로 「어선법」에 따라 총톤수 20톤 미만의 어업용 선박을 구입(건조발주)하는 경우 영세율이 적용되는 것이

종류	사례
	나 연근해어업에 사용할 목적 없이 낚시어선 업에만 사용할 목적으로 구입하는 선박은 영세율이 적용되지 않는다(사전법령부가-361, 2018.6.11.).
김과 미역용 기자재	• 김 양식에 사용하는 해태망은 영세율이 적용되는 어업용 기자재에 포함된다(부가46015-218, 1997.1.29.). • 해태양식용 김발지지대로 사용되는 부죽 대는 영세율이 적용되는 어업용 기자재에 해당되지 않는다(서삼 46015-10684, 2002.4.26.). • 미역 양식에 사용되는 미역채묘 틀(미역 망)은 영세율이 적용되는 어업용 기자재에 해당한다(부가가치세제과-498, 2012.10.8.).
어망	•「농·축산·임·어업용 기자재 및 석유류에 대한 부가가치세 영세율 및 면세 적용 등에 관한 특례규정」[별표 4]에서 규정하는 어망과 전개판을 어민에게 공급하는 경우 영세율을 적용한다. 이 경우 동 어망과 전개판을 수산업협동조합을 통하여 어민에게 공급하는 경우에도 영세율이 적용된다(부가가치세과-752, 2009.2.24.). • 어업용 어망에 사용되는 방오도료·신나를 어민에게 공급하는 경우 영세율이 적용되지 아니한다(부가46015-2706, 1998.12.8.).
양승기	• 수산물을 어획하는데 사용되는 그물 및 낚시에 연결된 줄을 끌어올리는 양승기는 [별표 2]에 열거하는 영세율이 적용되는 어업용 기자재에 해당한다. 선박에 부착하여 문어를 잡을 때 사용되는 로프를 자동으로 끌어올리는데 이용되는 자동 롤러가 이에 해당하는지 여부는 관련사실을 종합하여 사실판단 할 사항이다(부가46015-420, 1997.2.27.).

종류	사례
굴, 멍게, 우렁, 전복용 기자재	• 굴 채묘용 연승(부가가치세과-951, 2013.10.16.), 멍게양식을 위한 종묘생산에 사용되는 형태로 제작한 종묘배양용 팜사는 영세율 적용대상인 어업용 기자재에 해당한다(서면법규과-859, 2013.7.25.). • 전복 양묘장에서 전복종패 부착용으로 사용되는 파판(부가46015-1986, 2000.8.16.), 우렁쉥이 양식 및 종묘생산 시 채묘틀에 쓰이는 천연야자섬유로 구성된 자재인(Coire Twine, 일명 팜사)은 영세율이 적용되는 어업용 기자재인 연승에 해당하지 아니한다(부가46015-2102, 1996.10.11.).
집어 등	• 집어등에 추가적으로 장치하는 반사경은 특례규정 제3조 '집어등(집어용안정기·소켓 및 지지대를 포함한다.)'에 포함되지 않아 영세율 적용이 되지 않는다(부가가치세과-1999, 2008.7.15.).
수질 개선 약품	• 「수질 및 수생태계 보전에 관한 법률」 제60조 제2항에 따라 양식장의 수질정화 및 유기물 분해 등 환경개선을 위하여 양식장용 수질개선제를 사용하는 경우, 해당 양식장용 수질개선제는 영세율이 적용되는 양식용 약품에 해당한다(서면법규과-1169, 2014.11.6.).
기타	• 대나무를 절단하여 FRP코팅을 한 후 어업용 자재를 만들어 공급하는 경우에는 부가가치세가 면제되거나 영세율이 적용되는 어업용 기자재에 해당하지 아니한다(부가46015-2155, 2000.9.5.). • 양식장에서 사용하는 수차는 영세율이 적용되는 어업용기자재에 해당하지 아니한다(부가46015-1468, 1997.6.30.).

(6) 영세율 신고

영세율이 적용되는 경우에 예정 신고, 확정 신고 또는 영세율 조기 환급 신고를 할 때 소정의 서류를 첨부하여 제출하여야 한다(특례규정 제4조).

기자재를 농민, 어민 또는 임업 인에게 직접 공급하는 경우에는 월별 판매액합계표를 제출한다(특례규정 제4조 1호, 시행규칙 제3조 제1항).

[별지 제1호 서식] 월별판매액합계표

<table>
<tr><td colspan="5">월 별 판 매 액 합 계 표</td></tr>
<tr><td rowspan="3">공
급
자</td><td>①상 호
(법인명)</td><td></td><td>②사업자등록번호</td><td></td></tr>
<tr><td>③성 명
(대표자명)</td><td></td><td>④주민등록번호</td><td></td></tr>
<tr><td>⑤사업장소재지</td><td colspan="3">(전화번호)</td></tr>
<tr><td>⑥월 별</td><td>⑦품 명</td><td>⑧수 량</td><td>⑨판매가액</td><td>⑩비 고</td></tr>
<tr><td></td><td></td><td></td><td></td><td></td></tr>
<tr><td></td><td></td><td></td><td></td><td></td></tr>
<tr><td></td><td></td><td></td><td></td><td></td></tr>
<tr><td></td><td></td><td></td><td></td><td></td></tr>
<tr><td>합 계</td><td></td><td></td><td></td><td></td></tr>
<tr><td colspan="5">위와 같이 「조세특례제한법」 제105조 제5호 및 제6호의 규정에 의하여 부가가치세 영세율이 적용되는 농·축산·임·어업용기자재를 공급하였음을 확인합니다.

년 월 일

성명 (서명 또는 인)</td></tr>
</table>

임업용 기자재의의 경우에는 「산림조합법」에 의하여 설립된 조합 또는 중앙회의 장의 임업용기자재구매확인서를 함께 제출하여야 한다(특례규정 제4조 1호 단서, 시행규칙 제3조 제2항).

[별지 제2호 서식] 임업용기자재구매확인서

<table>
<tr><td colspan="8">임 업 용 기 자 재 구 매 확 인 서</td></tr>
<tr><td rowspan="2">구
매
자</td><td>①성 명</td><td colspan="3"></td><td colspan="2">②주민등록번호</td><td></td></tr>
<tr><td>③주 소</td><td colspan="6">(전화번호)</td></tr>
<tr><td colspan="2">④구매연월일</td><td>⑤물 품</td><td>⑥규 격</td><td>⑦수 량</td><td>⑧단 가</td><td>⑨구매가격</td><td>⑩비 고</td></tr>
<tr><td colspan="2"></td><td></td><td></td><td></td><td></td><td></td><td></td></tr>
<tr><td colspan="2"></td><td></td><td></td><td></td><td></td><td></td><td></td></tr>
<tr><td colspan="2"></td><td></td><td></td><td></td><td></td><td></td><td></td></tr>
<tr><td colspan="2"></td><td></td><td></td><td></td><td></td><td></td><td></td></tr>
<tr><td colspan="2"></td><td></td><td></td><td></td><td></td><td></td><td></td></tr>
<tr><td colspan="8">위와 같이 「조세특례제한법」 제105조 제5호의 규정에 의하여 부가가치세 영세율이 적용되는 임업용기자재를 구매하였음을 확인합니다.

년 월 일

( ) 산림조합장 (서명 또는 인)
산림조합중앙회장</td></tr>
</table>

기자재를 국가기관 및 지방자치단체와 「농업협동조합법」·「엽연초생산협동조합법」·「산림조합법」에 따라 설립된 조합 및 중앙회 또는 「수산업협동조합법」에 따라 설립된 수산업협동조합과 어촌계를 통하여 공급하

는 경우에는 해당 기관의 장 또는 지방자치단체의 장의 납품확인서를 제출한다(특례규정 제4조 2호, 시행규칙 제3조 제3항).

[별지 제3호 서식] 납품확인서

납 품 확 인 서

공급자		
공급자	상호(법인명)	사업자등록번호
	대표자 성명	생년월일
	사업장 소재지	사업장 전화번호

공급 내역

공급연월일	품 명	규 격	수 량	단 가	공급가액	비 고
합 계						

「조세특례제한법」 제105조 제1호 제5호, 같은 조 제6호 및 「농·축산·임·어업용 기자재 및 석유류에 대한 부가가치세 영세율 및 면세 적용 등에 관한 특례규정」 제4조 제2호에 따라 부가가치세 영세율이 적용되는 농·축산·임·어업용 기자재를 공급하였음을 확인합니다.

년 월 일

공급받는 자
기관(지방자치단체)의 명칭
기관(지방자치단체)의 장 (서명 또는 인)
기관(지방자치단체)의 소재지

영세율이 적용되는 기자재를 농민·어민 또는 임업 인에게 직접 공급하는 자는 판매기록표를 작성·비치하여야 한다(특례규정 제5조, 시행규칙 제3조 제4항).

〈표 17〉 판매기록표

구 매 자			판 매 물 품				비 고
성명	주민등록번호	주 소	품 명	단 가	수 량	판매가액	
기재요령 : 거래당 판매가액이 10만원 미만인 경우에는 주민등록번호·단가·수량란은 기재를 생략할 수 있습니다.							

(7) 세액의 추징

관할 세무서장은 농민에 해당하지 아니하는 자가 축산업용 기자재 및 사료를 부정하게 부가가치세 영의 세율을 적용하여 공급받은 경우에는 그 축산업용 기자재 등을 공급받은 자로부터 그 축산업용 기자재 등의 공급가액의 100분의 10에 해당하는 부가가치세액과 그 세액의 100분의 10에 해당하는 금액의 가산세를 추징한다(조세특례제한법 제105조 제2항).

2) 농어업 기자재 구입에 대한 부가세 환급

(1) 개요

농어민이 농어업에 사용하기 위하여 구입하는 기자재 또는 직접 수입하는 기자재에 대해서는 기자재를 구입 또는 수입한 때에 부담한 부가가치세액을 해당 농어민에게 환급한다. 일반과세자로부터 구입하는 기자재만 환급 받을 수 있다(조세특례제한법 제105조의 2 제1항). 동 기자재를 공급하는 일반과세자는 기자재를 판매하고 세금계산서를 교부하는 경우에는 당해 기자재의 품목과 수량을 각각 구분하여 표시하여야 한다(특례규정 제9조 제1항).

동 기자재를 공급하는 일반과세자는 그 기자재를 구입하는 농어민이 세금계산서의 발급을 요구하면 영수증을 발행하는 사업자라도 세금계산서를 발급하여야 한다(조세특례제한법 제105조의 2 제2항).

조합원인 농민이 영농조합을 통하여 위탁매입하거나 공동구매하고 해당 기자재 구입 관련 세금계산서를 공동매입 등의 발행방법에 따라 세금계산서를 발급받는 경우에는 부가가치세 환급특례를 적용받을 수 있다(조세특례제한법 집행기준 105의 2-0-2 제2항).

농어민이 지방자치단체 등으로부터 지급받은 보조금을 재원으로 대가를 지급하고 세금계산서를 발급받은 경우에도 적용받을 수 있다(부가가치세과-380, 2011.4.12.).

(2) 농·임업용 기자재의 범위

환급대상 기자재는 다음 [별표 5]의 농업용 기자재이다(농·축산·임·어업용 기자재 및 석유류에 대한 부가가치세 영세율 및 면세 적용 등에 관한 특례규정 제7조). 이 경우 동일 및 유사한 용도에 사용되는 기자재라 하더라도 동 별표 5에 열거되어 있지 아니한 농업용 기자재에 대하여는 환급받을 수 없다(서면3팀-2064, 2007.7.24.).

농민이 건설업 사업자로부터 공사용역을 제공받는 경우 재화의 공급이 아닌 건설용역의 공급으로 부가가치세 환급대상의 농어업용 기자재에 해당하지 않는다(서면부가-4096, 2019.8.28.).

[별표 5] 부가가치세환급이 적용되는 농·임업용 기자재

1. 농업·임업용 필름[비닐하우스용, 보온못자리용, 작물피복용, 과수 또는 수실류(樹實類) 재배용에 한정한다]과 그 부속자재(비닐 고정용 패드 및 클립, 파이프조리개, 고정구 및 연결핀, 파이프꽂이에 한정한다)
2. 농업·임업용 파이프(작물재배용 및 축산업용 비닐하우스와 과수 또는 수실류 재배용에 한정한다)
3. 농업·임업용 포장상자(종이재질의 농산물·임산물·축산물 포장용에 한정한다)
4. 농업·임업용 폴리프로필렌 포대(곡물 포장용에 한정한다)
5. 과일 봉지(과일의 병충해 방지 및 상품성 향상을 위해 열매에 씌우는 봉지에 한정한다)
6. 인삼재배용 지주목·광망·차광지 및 은박지
7. 차광망(연초·표고버섯 건조용 또는 과수·화훼·채소·야생화·산채 재배용에 한정한다)
8. 농업·임업용 부직포(작물·수실류 재배용 및 축산업용에 한정한다)
9. 농업·임업용 배지(양액·버섯 재배용에 한정한다) 및 양송이 재배용 복토
10. 축산업용 톱밥(「농림축산식품부 소관 친환경농어업 육성 및 유기식품 등의 관리·지원에 관한 법률 시행규칙」 [별표 1]에 따른 사용기준을 충족한 것에 한정한다)
11. 이앙기용 멀칭종이(논농사 피복용에 한정한다)
12. 농업·임업용 방조망(防鳥網) 및 방풍망(과수·수실류·작물 재배용 및 축산업용에 한정한다)
13. 농업·임업용 양수기
14. 볍씨발아기
15. 동력배토기
16. 동력예취기
17. 가축급여(家畜給與) 조사료(粗飼料) 생산용 필름
18. 화훼·야생화용 종자류

19. 채소봉지(애호박·오이용에 한정한다)
20. 버섯재배용기
21. 축산업용 차량방역기
22. 폐사축처리기
23. 축사세척기
24. 카우브러쉬
25. 축산 악취제거기
26. 「약사법」에 따른 동물용 의약품
27. 작물 지주대
28. 농업·임업용 무인헬리콥터
29. 농업·임업용 로더(2톤 미만)
30. 농업·임업용 굴삭기(1톤 미만)
31. 동력제초기
32. 농업·임업용 고압세척기
33. 농산물 및 임산물 저온저장고(바닥면적이 17㎡ 이하인 것에 한정한다)
34. 농업·임업·축산용 환풍기(컨트롤러를 포함하며, 시설하우스용 또는 축사용에 한정한다)
35. 축산용 인공수정 주입기
36. 축산용 인공수정 주입용기
37. 축산용 정액 희석제
38. 축산용 인큐베이터
39. 축산용 출하돈 선별기
40. 축사용 보온등 컨트롤러
41. 축사용 쿨링 패드
42. 축사용 워터컵
43. 축사용 바닥재[철재(鐵材) 바닥재에 한정한다]
44. 농산물·임산물 수확용 상자(플라스틱 재질에 한정한다)
45. 화훼·야생화 재배용 배지

46. 화훼·야생화 재배용 화분(폴리에틸렌, 플라스틱 및 고무 재질에 한정한다)
47. 유해동물(해충을 포함한다) 포획기
48. 농업용 양파망·마늘망
49. 축산 착유용 라이너
50. 축산용 분만실 깔판
51. 축산용 대인소독기
52. 축산용 방역복
53. 조사료 생산용 네트 (2016.2.5. 신설)
54. 팽연왕겨 (2016.2.5. 신설)
55. 탈봉기 (2016.2.5. 신설)
56. 소문망 (2016.2.5. 신설)

〈표 18〉 종류별 기자재 사례

종류	사례
공통	• 열교환기, 버섯운반기기, 농업용 가습기는 「농·축산·임·어업용 기자재에 대한 부가가치세 영세율 적용에 관한 특례규정」 제3조에 규정하는 농·축산·임·어업용 기자재의 범위에 속하지 아니한다(부가46015-4061, 2000.12.18.).
농업용 파이프	• 스마트 팜으로 시설농업을 하고 있는 농업회사 법인은 대추방울 토마토를 재배하는 과채류 재배용 시설인 유리온실(스마트 팜) 신축에 사용하기 위해 구입하는 농업용 파이프는 [별표 5]에서 게기하는 농·임업용 기자재 '2.농업·임업용 파이프(작물재배용 및 축산업용 비닐하우스와 과수 또는 수실류 재배용에 한정한다.)'에 해당하지 아니한다(사전법령부가-602, 2018.9.27.). 비닐하우스가 아니라 해당이 안 되며 토마토는 과수나 수실류(밤, 잣, 감, 대추 따위와 같이 나무에서 얻을 수 있는 열매)에도 해당하지 않는다.

종류	사례
지주목	• 「농·축산·임·어업용 기자재 및 석유류에 대한 부가가치세 영세율 및 면세 적용 등에 관한 특례 규정」 제7조에 따른 부가가치세 환급대상 농어업용 기자재 중 인삼재배용 지주목에는 나무 지주목 외에 철재 및 프라스틱으로 제작된 인삼재배용 지주목을 포함한다(법규과-1190, 2014.11.12.).
비 가림 시설	• 농민이 건설업을 영위하는 사업자로부터 포도 비 가림시설 공사용역을 제공받고 그 대가를 일괄하여 지급하는 경우에는 용역을 공급받는 것에 해당하여 부가가치세의 환급에 관한 특례가 적용되지 않는다(부가-571, 2010.5.7.).
종묘	• 농민이 직접 수입한 종묘도 환급대상에 해당되고, 수입한 화훼용 묘목이 「농·축산·임·어업용 기자재 및 석유류에 대한 부가가치세 영세율 및 면세 적용 등에 관한 특례규정」 [별표 5]에 열거된 '화훼용 종자 류'에 해당되고, 수입한 종묘를 사업장에 싹을 틔워 키운 후 상품으로 출하하여 종묘를 재배한 경우 작물재배업에 종사하는 농민으로서 농어업용 기자재에 대한 부가가치세 환급에 관한 특례대상에 해당된다(심사부가2013-179, 2013.12.31.). • 종묘형태의 서양 란 종묘는 [별표 5]에 열거된 화훼용 종자 류에 해당되는 경우 환급대상이다(서면3팀-2957, 2007.10.31.).
냄새 제거	• 사업자가 축산 기자재 등을 사용하여 축산 악취제거 시스템 시설 공사를 하는 경우, 그 공사는 재화의 공급이 아닌 건설용역의 공급으로 부가가치세 환급대상의 농업용 기자재에 해당하지 않는다(부가가치세과-3639, 2008.10.15.).
톱밥	• [별표 5]에 규정된 축산업용 톱밥(폐가구의 톱밥 및 부스러기가 포함되어 있지 아니할 것)은 환급대상이다(서면3팀-1581, 2007.5.25.).

종류	사례
배지	• 토마토 양액재배용 배지는 환급대상 농업용 기자재(농업용 배지)에 해당한다(서면3팀-1659, 2006.8.1.). • 농업용 배지를 활용하여 제조한 버섯종균접종배지를 농민에게 공급하는 경우 당해 재화는 특례규정[별표 5]에 의한 농업용 배지에 해당하지 않는다(서면3팀-1930, 2005.11.2.). • 수입된 '버섯종균이 접종된 배지'는 농업·임업용 배지에 해당하지 아니하여 부가가치세 환급대상이 아니다(부가가치세제과-171, 2020.3.27.).

(3) 어업용 기자재

환급대상 기자재는 다음 별표 6의 어업용 기자재이다(농·축산·임·어업용 기자재 및 석유류에 대한 부가가치세 영세율 및 면세 적용 등에 관한 특례규정 제7조).

[별표 6] 부가가치세환급이 적용되는 어업용 기자재

1. 양어장용 필름(비닐하우스용에 한한다)
2. 양어장용 파이프(비닐하우스용에 한한다)
3. 어상자(목재, 플라스틱 및 종이로 만들어진 것으로 수산물 포장용에 한한다) (2009.2.4. 개정)
4. 와이어로프(어선용에 한한다)
5. 어업용발전기(어선 및 양식장용에 한한다)
6. 양어장용 초파기(혼합사료 제조용에 한한다)
7. 활어냉각기(어선용에 한한다)
8. 육상수조식 양식장의 취·배수관 시설 및 가두리양식장의 그물고정용 파이프 (2016.2.5. 개정)

9. 구명 부기·동의(어선용에 한한다) (2002.12.30. 신설)
10. 삭 제(2014.2.21.)
11. 어업용 자동미끼세절기 (2003.12.30. 신설)
12. 양어장용 차광막 (2005.2.19. 신설)
13. 양식장용 공기공급장치 (2007.2.28. 신설)
14. 자동조타장치 (2007.2.28. 신설)
15. 어선 및 어망용 방오도료(유기주석을 함유하지 아니한 것에 한한다) (2008.2.22. 신설)
16. 양식장용 사료살포기 (2008.2.22. 신설)
17. 「약사법」에 따른 동물용 의약품 (2008.2.22. 신설)
18. 수산물 선별기 (2009.2.4. 신설)
19. 어업용 얼음 (2010.2.18. 신설)
20. 수산물 건조기 (2010.2.18. 신설)
21. 어업용 소라껍데기 (2010.2.18. 신설)
22. 양식장 관리기 (2010.2.18. 신설)
23. 유류절감장치 및 고효율축매기기 (2010.12.30. 신설)
24. 젓갈용 숙성용기(플라스틱 및 철재 재질만 해당한다) (2012.2.2. 신설)
25. 수산물 건조용 건조발 (2012.2.2. 신설)
26. 어업용 산소발생기 (2013.2.15. 신설)
27. 양식장용 액화산소 (2013.2.15. 신설)
28. 수산물 양식용 파판(播板) (2014.2.21. 신설)
29. 전복 양식용 쉘터(shelter)(고정틀 및 하부틀을 포함한다) (2014.2.21. 신설)

가두리 양식장을 운영하는 어민이 가두리 양식장의 그물 고정용으로 사용할 목적으로 주문제작 의뢰하여 공급받은 가두리 파이프는 「농·축산·임·어업용 기자재 및 석유류에 대한 부가가치세 영세율 및 면세 적용 등에 관한 특례규정」에 따라 부가가치세 환급이 적용되는 어업용 기자재에 해당하지 아니한다(서면법규과-648, 2014.6.25.). 멸치 건조용 건조발은 영세율이 적용되는 어업용기자재 중 발장에 해당하지 아니하며 부가가치세 사후환급대상 어업용기자재에도 해당하지 않는다(부가가치세과-358, 2011.4.5.).

(4) 부가세 환급의 방법

① 환급의 절차

환급의 절차는 다음과 같다(조세특례제한법집행기준 105의 2-0-1).

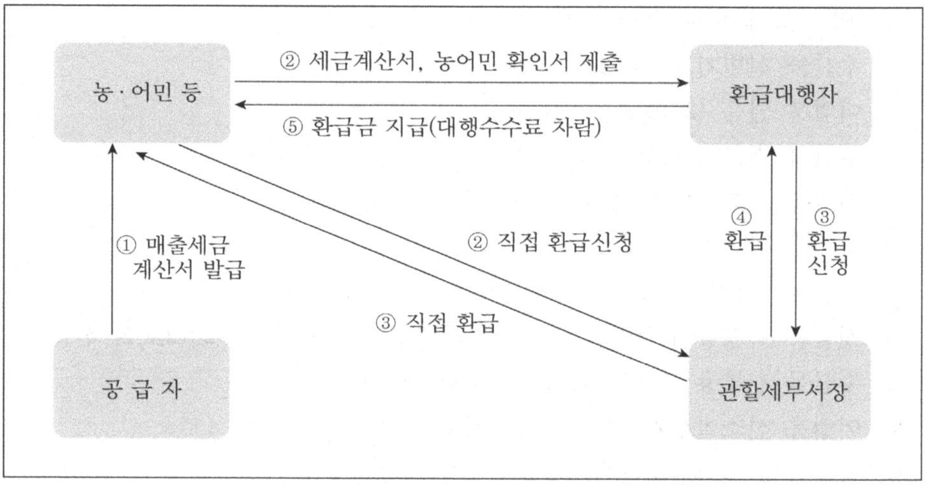

[그림 1] 농어업용기자재 부가가치세 환급절차

② 환급의 대행

환급을 받으려는 농어민은 환급대행자를 통하여 환급을 신청한다. 환급대행자는 「농업협동조합법」에 따른 조합, 「수산업협동조합법」에 따른 조합, 「엽연초생산협동조합법」에 따른 엽연초생산협동조합이다(조세특례제한법 제105조의 2 제3항).

〈표 19〉 농어업용기자재부가가치세환급대행신청서 양식

<table>
<tr><td colspan="6" rowspan="2">농·어업용기자재부가가치세환급대행신청서</td><td>처리기간</td></tr>
<tr><td>15일</td></tr>
<tr><td rowspan="3">환
급
대
상
자</td><td>①성명(대표자)</td><td colspan="2"></td><td colspan="2">②주민(사업자)등록번호</td><td></td></tr>
<tr><td>③상호(법인명)</td><td colspan="2"></td><td colspan="2">④전 화 번 호</td><td></td></tr>
<tr><td>⑤주 소
(본점소재지)</td><td colspan="5"></td></tr>
<tr><td colspan="7">기 자 재 구 입 및 환 급 신 청 내 용</td></tr>
<tr><td colspan="2" rowspan="2">⑥구입연월일</td><td rowspan="2">⑦품 목</td><td rowspan="2">⑧수 량</td><td colspan="3">금 액</td></tr>
<tr><td>⑨구입가액</td><td>⑩환급신청액
(부가가치세)</td><td>⑪합 계
(⑨+⑩)</td></tr>
<tr><td colspan="2"></td><td></td><td></td><td></td><td></td><td></td></tr>
<tr><td colspan="2"></td><td></td><td></td><td></td><td></td><td></td></tr>
<tr><td colspan="2"></td><td></td><td></td><td></td><td></td><td></td></tr>
<tr><td colspan="2"></td><td></td><td></td><td></td><td></td><td></td></tr>
<tr><td colspan="2">합 계</td><td></td><td></td><td></td><td></td><td></td></tr>
<tr><td colspan="2">⑫환급금계좌신고</td><td>거래은행</td><td colspan="2">은행 지점</td><td>계좌번호</td><td></td></tr>
<tr><td colspan="7">위와 같이 「조세특례제한법」 제105조의 2 제1항에 해당하는 농·어업용기자재를 구입하였으니 동법 동조 제3항에 의하여 환급대행하여 주시기 바랍니다.

년 월 일

신청인 (서명 또는 인)

○○협동조합장 귀하</td></tr>
<tr><td colspan="6" rowspan="3">※ 구비서류
1. 세금계산서
2. 농·어민 확인서(조합원을 제외하고 매년 최초로 신청하는 경우에 한합니다)</td><td>수수료</td></tr>
<tr><td>없 음</td></tr>
<tr><td></td></tr>
</table>

환급대행자를 통하여 환급을 받고자 하는 경우에는 기자재의 구입일 또는 수입신고일이 속하는 분기 말 또는 그 다음 분기 말의 다음달 10일까지 "농·어업용기자재부가가치세환급대행신청서"에 세금계산서를 첨부하여 신청하여야 한다(특례규정 제9조 제2항).

신청하는 곳은 환급을 받고자 하는 자가 개인(「부가가치세법」 또는 「소득세법」의 규정에 따라 사업자등록을 한 자를 제외한다.)인 경우에는 「농업협동조합법」에 의한 조합, 「수산업협동조합법」에 의한 수산업협동조합 또는 「엽연초생산협동조합법」에 의한 엽연초생산협동조합에게 한다.

이 경우 환급을 받고자 하는 자가 조합 등에 조합원으로 등록되어 있는 경우에는 그 조합원으로 등록된 조합, 기타의 경우에는 환급받고자 하는 자의 주소지 또는 거주지관할 조합으로 한다.

개인이 아닌 경우에는 그 사업장소재지관할 조합에 한다(특례규정 시행규칙 제5조). 매년 최초로 신청하는 경우에는 농·어민 확인서를 제출하여야 한다(특례규정 제9조 제2항 2호).

확인서는 법인인 경우에는 국세청장이 고시하는 바에 따라 교부하는 농·어민확인서, 개인인 경우에는 통·이장 또는 어촌계장의 확인을 받은 농·어민확인서(환급대행자의 조합원인 경우에는 제외한다.)이다(특례규정 제9조 제2항 2호).

환급신청을 받은 환급대행자는 농·어민의 환급대행신청기한 종료일부터 15일 이내에"농·어업용기자재부가가치세환급신청서"에 세금계산서와 환급신청명세서를 첨부하여 환급대행자의 관할세무서장에게 환급을 신청하여야 한다(특례규정 제9조 제3항).

〈표 20〉 농·어업용기자재부가가치세환급신청서 양식

<table>
<tr><td colspan="6">농·어업용기자재부가가치세환급신청서
(　　년　기)</td><td>처리기간</td></tr>
<tr><td colspan="6">※ 관리번호 | -</td><td>20일</td></tr>
<tr><td rowspan="3">신청인·
환 급
대상자</td><td>①상호(법인명)</td><td colspan="2"></td><td>②사업자등록번호</td><td colspan="2"></td></tr>
<tr><td>③대표자 성 명</td><td colspan="2"></td><td>④주민(법인)등록번호</td><td colspan="2"></td></tr>
<tr><td>⑤주 소
(본점소재지)</td><td colspan="5"></td></tr>
<tr><td>⑥대 상 기 간</td><td colspan="6">년　월　일 ~　년　월　일</td></tr>
<tr><td colspan="7">기 자 재 구 입 및 환 급 신 청 내 용</td></tr>
<tr><td rowspan="2">⑦구입연월일</td><td rowspan="2">⑧품 목</td><td rowspan="2">⑨수 량</td><td colspan="4">금 액</td></tr>
<tr><td>⑩구입가액</td><td>⑪환급신청액
(부가가치세)</td><td colspan="2">⑫합 계
(⑩+⑪)</td></tr>
<tr><td></td><td></td><td></td><td></td><td></td><td colspan="2"></td></tr>
<tr><td></td><td></td><td></td><td></td><td></td><td colspan="2"></td></tr>
<tr><td></td><td></td><td></td><td></td><td></td><td colspan="2"></td></tr>
<tr><td></td><td></td><td></td><td></td><td></td><td colspan="2"></td></tr>
<tr><td></td><td></td><td></td><td></td><td></td><td colspan="2"></td></tr>
<tr><td>합 계</td><td></td><td></td><td></td><td></td><td colspan="2"></td></tr>
<tr><td>⑬환급금계좌신고</td><td>거래은행</td><td colspan="2">은행　지점</td><td>계좌번호</td><td colspan="2"></td></tr>
<tr><td colspan="7">위와 같이 「조세특례제한법」 제105조의 2 및 「농·축산·임·어업용 기자재 및 석유류에 대한 부가가치세 영세율 및 면세 적용 등에 관한 특례규정」 제9조 제3항 또는 제4항의 규정에 의하여 부가가치세를 환급 신청합니다.

년　월　일

신청인　　(서명 또는 인)

세무서장 귀하</td></tr>
<tr><td colspan="6" rowspan="2">구비서류
1. 매입처별세금계산서합계표 또는 매입세금계산서합계표
2. 환급신청명세서(환급대행자가 환급신청하는 경우에 한합니다)
3. 경작확인서 또는 조업확인서(개인인 경우에 한합니다)</td><td>수 수 료</td></tr>
<tr><td>없 음</td></tr>
</table>

〈표 21〉 농·어업용기자재부가가치세환급신청명세서 양식

<table>
<tr><td colspan="8">농·어업용기자재부가가치세환급신청명세서
(　　　년 제　　기)</td></tr>
<tr><td rowspan="2">①
일련
번호</td><td colspan="2">환 급 자</td><td colspan="3">구 입 내 역</td><td rowspan="2">⑦
환급신청액</td><td rowspan="2">⑧
비고</td></tr>
<tr><td>②성 명
(법인명)</td><td>③주민(사업자)
등록번호</td><td>④건수</td><td>⑤공급가액</td><td>⑥세액</td></tr>
<tr><td>1</td><td></td><td></td><td></td><td></td><td></td><td></td><td></td></tr>
<tr><td>2</td><td></td><td></td><td></td><td></td><td></td><td></td><td></td></tr>
<tr><td>3</td><td></td><td></td><td></td><td></td><td></td><td></td><td></td></tr>
<tr><td>4</td><td></td><td></td><td></td><td></td><td></td><td></td><td></td></tr>
<tr><td>5</td><td></td><td></td><td></td><td></td><td></td><td></td><td></td></tr>
<tr><td>6</td><td></td><td></td><td></td><td></td><td></td><td></td><td></td></tr>
<tr><td>7</td><td></td><td></td><td></td><td></td><td></td><td></td><td></td></tr>
<tr><td>8</td><td></td><td></td><td></td><td></td><td></td><td></td><td></td></tr>
<tr><td>9</td><td></td><td></td><td></td><td></td><td></td><td></td><td></td></tr>
<tr><td>10</td><td></td><td></td><td></td><td></td><td></td><td></td><td></td></tr>
<tr><td>11</td><td></td><td></td><td></td><td></td><td></td><td></td><td></td></tr>
<tr><td>12</td><td></td><td></td><td></td><td></td><td></td><td></td><td></td></tr>
<tr><td>13</td><td></td><td></td><td></td><td></td><td></td><td></td><td></td></tr>
<tr><td>14</td><td></td><td></td><td></td><td></td><td></td><td></td><td></td></tr>
<tr><td>15</td><td></td><td></td><td></td><td></td><td></td><td></td><td></td></tr>
<tr><td>16</td><td></td><td></td><td></td><td></td><td></td><td></td><td></td></tr>
<tr><td>17</td><td></td><td></td><td></td><td></td><td></td><td></td><td></td></tr>
<tr><td>18</td><td></td><td></td><td></td><td></td><td></td><td></td><td></td></tr>
<tr><td>19</td><td></td><td></td><td></td><td></td><td></td><td></td><td></td></tr>
<tr><td>20</td><td></td><td></td><td></td><td></td><td></td><td></td><td></td></tr>
<tr><td>계</td><td></td><td></td><td></td><td></td><td></td><td></td><td></td></tr>
</table>

세금계산서는 환급신청자가 「부가가치세법」·「소득세법」또는 「법인세법」에 의한 사업자인 경우에는 「부가가치세법」 제54조에 따른 매입처별세금계산서합계표(특례규정 제9조 제3항 1호), 환급신청자가 사업자가 아닌 경우에는 매입세금계산서합계표로 제출한다(특례규정 제9조 제3항 2호).

〈표 22〉 매입세금계산서 합계표 양식

매 입 세 금 계 산 서 합 계 표

관리번호	-

①성 명		② 주민등록번호	
③주 소 지	(☎)		
④거래기간	년 월 일 ~ 년 월 일	⑤작성일자	

구 분	⑥ 매입처수	⑦ 매 수	⑧ 공급가액	⑨ 세 액	비 고
합 계					

⑩일련 번호	⑪사업자 등록번호	⑫상 호 (법인명)	⑬구입 연월일	⑭품목	⑮수량	⑯공급 가액	⑰세액

환급대행자는 부가가치세환급신청을 하는 때에는 부가가치세환급관리대장을 작성·비치하여야 하며, 동 관리대장, 세금계산서 및 농어민 확인서를 5년간 보관하여야 한다(특례규정 제9조 제7항).

〈표 23〉 농·어업용기자재부가가치세환급관리대장 양식

농·어업용기자재부가가치세환급관리대장								
관리번호								
환급농어민	① 성 명 (대표자)			②주민(사업자)등록번호				
	③ 상 호 (법인명)				④전화번호			
	⑤ 주 소 (본점소재지)							
⑥환급금 신청내역			⑦ 환급금 지급내역			⑧부가가치세 추징내역		
기별	신청금액	누 계	지 급 연월일	지급금액	누 계	추 징 연월일	추징금액	누 계
년 제 기								

③ 환급의 신청

관할세무서장은 환급대행자를 통하여 환급을 신청하는 경우에는 환급대행자의 사업장 관할 세무서장이고 기타의 경우는 해당 농어민의 사업장 관할 세무서장이다(조세특례제한법 제105조의 2 제1항).

「부가가치세법」, 「소득세법」 또는 「법인세법」의 규정에 따라 사업자등록을 한 개인 또는 법인은 사업장 관할 세무서장에게 직접 환급을 신청할 수 있다(조세특례제한법 제105조의 2 제3항 단서, 제8조).

직접 환급 신청은 기자재의 구입일 또는 수입신고일이 속하는 분기 말 또는 그 다음 분기 말의 다음달 25일까지 "농·어업용기자재부가가치세환급신청서" 첨부서류와 함께 사업장관할세무서장에게 신청하여야 한다(특례규정 제9조 제4항).

첨부서류는 「부가가치세법」 제54조에 따른 매입처별세금계산서합계표이다. 다만, 개인인 사업자로서 매년 최초로 환급을 신청하는 경우에는 통·이장, 어촌계장 또는 업종별 수산업협동조합장의 확인을 받은 경작확인서 또는 조업확인서를 제출한다(특례규정 제9조 제4항).

해당 부가가치세는 수정신고기간(「국세기본법」 제45조의 2)이 경과하기 전까지 환급을 신청할 수 있다(부가가치세과-488, 2010.4.16.).

농·어민이 사후환급 신청기한 경과 후에 농·어업용 기자재에 대한 부가가치세의 환급을 「국세기본법」 제45조의 2에서 규정하는 경정청구기한까지 신청하는 경우에도 부가가치세 환급특례를 적용받을 수 있다(조세특례제한법 집행기준 105의 2-0-2 제2항).

환급신청을 받은 관할세무서장은 환급신청기간 종료일부터 20일 이내에 환급하여야 한다(특례규정 제9조 제5항). 환급대행자는 환급세액을 받은 날부터 5일 이내에 환급대행을 신청한 농·어민에게 이를 지급하여야 한다.

이 경우 환급대행수수료를 차감하고 지급할 수 있다(특례규정 제9조 제6항). 환급대행자는 부가가치세의 환급대행과 관련하여 환급신청서의 작성 및 제출, 환급관리대장의 비치, 환급금의 배분 등에 드는 비용에 충당하기 위하여 환급받는 자로부터 수수료로 징수할 수 있다(조세특례제한법 제105조의 2 제8항).

1회 1인당 부가가치세환급세액의 5%의 환급대행수수료를 받을 수 있으며(특례규정 제13조 제1항), 1회 1인당 5만원이 한도이다(특례규정 제13조 제2항).

환급대행자는 환급을 신청한 자가 농어민이 아닌 것으로 판단되는 경우 또는 농어민의 경작면적, 시설규모 등을 고려할 때 거짓이나 그 밖의 부정한 방법으로 환급을 신청한 것으로 판단되는 경우에는 관할 세무서장에게 이를 알려야 한다(조세특례제한법 제105조의 2 제4항).

관할 세무서장은 환급대행자가 이렇게 통보를 하지 아니함에 따라 농어민에 해당하지 아니하는 자가 부가가치세액을 환급 받아 부가가치세가 추징되는 경우에는 환급받은 세액의 100분의 10에 상당하는 금액을 그 환급대행자로부터 가산세로 징수한다(조세특례제한법 제105조의 2 제6항).

(5) 부가세 추징

관할 세무서장은 부가가치세액을 환급받은 자가 부당하게 환급 받은 경우에는 그 환급받은 부가가치세액과 이자 상당 가산 액을 부가가치세로 추징한다(조세특례제한법 제105조의 2 제5항).

이자 상당액은 환급받은 부가가치세액에 매일 0.03%씩 환급받은 날부터 추징세액의 고지 일까지의 기간에 부과된다(특례규정 제10조 제1항). 부가가치세를 추징한 관할세무서장은 추징대상자가 환급대행자를 통하여 환급신청 한 경우에는 당해 환급대행자에게 그 추징내역을 지체 없이 통보하여야 한다(특례규정 제10조 제2항).

부당하게 환급 받은 경우는 세 가지이다.

첫째, 농어민이 부가가치세액을 환급받은 기자재를 본래의 용도에 사용하지 아니하거나 농어민 외의 자에게 양도한 경우이다(조세특례제한법 제105조의 2 제5항 1호).

둘째, 농어민이 재화의 공급 없이 발급된 세금계산서, 재화를 공급한 사업장 외의 사업장 명의로 발급된 세금계산서, 재화의 공급 시기가 속하는 과세기간 후에 발급된 세금계산서, 정당하게 발급된 세금계산서를 해당 농어민이 임의로 수정한 세금계산서, 그밖에 사실과 다르게 적힌 세금계산서에 의하여 부가가치세를 환급받은 경우이다(조세특례제한법 제105조의 2 제5항 2호).

사실과 다르게 적힌 세금계산서란 동일한 재화의 공급에 대하여 이중으로 교부된 세금계산서, 「부가가치세법」 제32조 제1항 제1호부터 제4호까지의 기재사항의 일부 또는 전부가 누락되거나 사실과 다르게 기재된 세금계산서(기재사항이 착오로 기재된 것으로서 그 밖의 증빙서류에 의하여 그 거래사실이 확인되는 경우를 제외한다.)를 말한다(특례규정 제11조).

셋째, 농어민에 해당하지 아니하는 자가 부가가치세액을 환급받은 경우이다(조세특례제한법 제105조의 2 제5항 3호).

이 규정에 따라 농어민이 최근 2년 이내에 3회 이상 부가가치세를 추징당한 경우 또는 추징된 세액의 합계액이 300만 원 이상을 초과하는 경우에는 해당 요건을 충족하는 추징세액의 고지 일부터 2년간 환급을 받을 수 없다(조세특례제한법 제105조의 2 제7항, 특례규정 제12조 제1항). 300만 원은 당해 추징일로부터 소급하여 5년 이내의 추징세액의 합계액을 말한다(특례규정 제12조 제2항).

3) 농민과 어민의 범위

(1) 농민의 범위

① 개요

농어민이란 제2조 제1항 제1호부터 제3호까지 및 제6호에 따른 농민, 농업용 무인헬리콥터를 공급받는 경우 「농업협동조합법」에 따른 조합 및 중앙회, 제2조 제4항의 규정에 의한 어민(동항 제3호 중 「수산업협동조합법」에 의한 수산업협동조합과 수산업협동조합중앙회를 제외한다.)을 말한다(특례규정 제6조 제1항).

농민이란 통계청장이 고시하는 한국표준산업분류상의 농업 중 작물재배업, 축산업 또는 작물재배 및 축산복합농업에 종사하는 자를 말한다(특례규정 제2조).

그러나 한국표준산업분류상 시설작물재배업 중 콩나물재배업에 종사하는 자를 제외한다(특례규정 제2조 제1항 단서, 시행규칙 제2조).

② 농민의 분류

농민은 다음과 같이 분류된다(특례규정 제2조 제1항).

첫째, 농민인 개인은 「농어업경영 체 육성 및 지원에 관한 법률」 제4조 제1항에 따라 농어업경영정보를 등록한 자만 해당한다(특례규정 제2조 제1항 1호).

둘째, 「농어업경영 체 육성 및 지원에 관한 법률」에 따라 설립된 영농조합법인과 농업회사 법인이 해당한다(특례규정 제2조 제1항 2호, 서면부가-363, 2018.4.20.).

셋째, 축산업을 주업으로 하는 법인으로서 당해 사업연도 개시 일을 기준으로 농업인과 당해 법인의 임원 또는 직원으로서 상시 근무하고 있는 자가 각각 당해 법인의 총 발행주식 또는 총 출자지분의 3분의 2 이상을 출자하고 있는 법인이 해당한다.

이 경우 사업연도 중에 출자지분의 변경으로 출자지분이 총 발행주식 또는 총 출자지분의 3분의 2 이상이 되는 경우에는 당해 출자 지분변경일을 기준으로 한다(특례규정 제2조 제1항 3호).

농업인이란 농업을 경영하거나 이에 종사하는 자 중에서 일정한 기준에 해당하는 자를 말한다(농어업·농어촌 및 식품산업 기본법」 제3조 제2호 가목).

이에는 1천 제곱미터 이상의 농지(「농어촌정비 법」 제98조에 따라 비 농업인이 분양받거나 임대받은 농어촌 주택 등에 부속된 농지는 제외한다.)를 경영하거나 경작하는 사람, 농업경영을 통한 농산물의 연간 판매액이 120만 원 이상인 사람, 1년 중 90일 이상 농업에 종사하는 사람, 「농어업경영 체 육성 및 지원에 관한 법률」 제16조 제1항에 따라 설립된 영농조합법인의 농산물 출하·유통·가공·수출활동에 1년 이상 계속하여 고용된 사람, 「농어업경영 체 육성 및 지원에 관한 법률」 제19조 제1항에 따라 설립된 농업회사법인의 농산물 유통·가공·판매활동에 1년 이상 계속하여 고용된 사람이다.

이 중 어느 하나에 해당하면 된다(농어업·농어촌 및 식품산업 기본법시행령 제3조 제1항). 농업이란 농작물재배업(식량작물 재배업, 채소작물 재배업, 과실작물 재배업, 화훼작물 재배업, 특용작물 재배업, 약용작물 재배업, 버섯 재배업, 양잠업 및 종자·묘목 재배업. 임업용 종자·묘목 재배업은 제외), 축산업(수생생물을 제외한 동물의 사육·증식·부화 및 종축 업), 임업(자연휴양림·자연수목원의 조성·관리·운영 업을 포함한 육림, 임산물 생산·채취 및 임업용 종자·묘목 재배업)을 말한다(농어업·농어촌 및 식품산업 기본법 제3조 제1호 가목, 농어업·농어촌 및 식품산업 기본법시행령 제2조).

넷째, 「농업협동조합법」에 의한 조합 및 중앙회가 해당된다(특례규정 제2조 제1항 4호).

다섯째, 위의 농민, 영농조합법인, 농업회사법인과 축산업법인에게 위탁하여 가축을 사육하거나 계약을 체결하여 가축 및 사료를 공급하여 가축을 사육하는 축산업을 주업으로 하는 법인으로서 농림축산식품부장관이 고시하는 계열화사업자가 해당된다. 다만, 계열화사업자가 위탁사육 또는 계약사육에 사용하기 위하여 가축용 사료를 공급받는 경우만 해당한다(특례규정 제2조 제1항 5호).

동 법인은 국세청장이 정하는 바에 따라 사업장관할세무서장이 교부하는 확인서를 해당기자재 구매 시에 공급자에게 제시하여야 한다. 이 경우 당해 확인서의 유효기간은 이를 교부받은 날부터 1년간으로 한다(특례규정 제2조 제6항).

여섯째, 「축산법」에 의하여 농림축산식품부장관이 지정한 비영리가축검정기관이 해당된다. 다만, 가축검정용 사료를 공급받는 경우에 한한다(특례규정 제2조 제1항 6호).

일곱째, 「사립학교법」에 따른 학교법인이 해당된다. 다만, 사립학교의 축산실습농장에 가축용 사료를 공급받는 경우만 해당한다(특례규정 제2조 제1항 7호). 사립학교에만 해당하는 것으로 사립학교가 아닌 축산실습농장에는 해당하지 않는다.

이는 학생 및 교수 또는 교사의 현장실습 및 연구목적으로 개설된 학교법인의 축산실습농장에서 가축을 사육하는 과정에서 부수적으로 생산된 축산물을 시장에 판매하기는 하나 주목적이 연구목적임을 감안하여 사학의 육성과 발전을 도모하기 위하여 조세정책 적으로 영세율을 적용하도록 규정한 것이다(국심2010부2952, 2010.11.9.).

여덟째, 「초·중등교육법 시행령」 제90조 제1항 제10호에 따른 농업계의 수요에 직접 연계된 맞춤형 교육과정을 운영하는 고등학교(일곱째에 따른 학교법인에서 운영하는 고등학교는 제외한다.)가 해당된다. 다만, 해당 고등학교의 축산실습농장에 가축용 사료를 공급받는 경우만 해당한다(특례규정 제2조 제1항 8호).

아홉째, 「초·중등교육법 시행령」 제91조 제1항에 따른 농업분야의 인재양성을 목적으로 하는 교육 또는 체험위주의 교육을 전문적으로 실시하는 고등학교(일곱째에 따른 학교법인에서 운영하는 고등학교는 제외한다.)가 해당된다. 다만, 해당 고등학교의 축산실습농장에 가축용 사료를 공급받는 경우만 해당한다(특례규정 제2조 제1항 9호).

축산업과 그 밖의 사업을 겸영하는 법인에 대하여 직전 사업연도의 축산업의 수입금액이 직전 사업연도의 총수입금액의 100분의 70 이상인 경우에는 축산업을 주업으로 영위하는 것으로 본다.

다만, 신규로 사업을 개시하는 사업자에 대하여는 최초사업 개시일 현재 축산업용 자산의 장부가액의 합계액이 총자산가액의 100분의 70 이상인 경우에는 축산업을 주업으로 영위하는 것으로 본다(특례규정 제2조 제2항).

축산업이란 자기가 직접 또는 위탁하여 사육한 가축과 위의 개인인 농민, 영농조합 법인, 농업회사법인 또는 축산업을 주업으로 하는 법인이 사육한 가축을 단순히 가공하여 부가가치세가 면제되는 농산물 등으로 판매하는 사업을 포함한다(특례규정 제2조 제2항).

작물재배업·축산업 또는 작물재배 및 축산복합농업에 종사하는 농민이 「농어업경영 체 육성 및 지원에 관한 법률」 제4조 제1항에 따라 농어업경영정보를 등록하지 않은 경우에는 농어업용기가재에 대한 부가가치세 환급에 관한 특례규정을 적용할 수 없다(부가가치세과-781, 2013.8.30.).

농어민이 「농어업경영 체 육성 및 지원에 관한 법률」 제4조 제1항에 따른 농어업경영정보에 등록하기 전에 기자재를 구입하면서 부담한 부가가치세액은 부가가치세 환급특례를 적용할 수 없다(법규부가2014-17, 2014.1.24.).

「농어업경영 체 육성 및 지원에 관한 법률」 제4조 제1항에 따라 농어업경영정보에 경영주인 농업인을 본인과 동일세대원인 배우자로, 경영주 외의 농업인을 본인으로 등록한 경우 농업에 종사하는 본인은 「농·축산·임·어업용 기자재 및 석유류에 대한 부가가치세 영세율 및 면세 적용 등에 관한 특례규정」 제2조에 따른 농민으로 보는 개인에 해당된다(법규부가2011-128, 2011.4.11. 참조)(심사부가2013-179, 2013.12.31.).

(2) 임업인 범위

임업에 종사하는 자에는 두 가지가 있다(특례규정 제2조 제3항).

첫째, 한국표준산업분류상의 임업 중 영림 업 또는 벌목 업에 종사하는 개인(임업 인이라 칭한다.)이다(특례규정 제2조 제3항 1호).

둘째, 「산림조합법」에 따른 조합 및 중앙회이다(특례규정 제2조 제3항 2호).

(3) 어민의 범위

어민이란 한국표준산업분류상의 어업에 종사하는 자로서 다음을 말한다(특례규정 제2조 제4항).

첫째, 어업에 종사하는 개인이 있다(특례규정 제2조 제4항 1호).

둘째, 「농어업경영 체 육성 및 지원에 관한 법률」 제16조에 따른 영어조합법인이 있다(특례규정 제2조 제4항 2호).

셋째, 「수산업협동조합법」에 따른 수산업협동조합과 수산업협동조합중앙회 및 어촌계가 있다. 다만, 양어용 사료 또는 해당 어업용 기자재를 공급받는 경우만 해당한다(특례규정 제2조 제4항 3호).

넷째, 어업을 주업으로 하는 법인으로서 해당 사업연도 개시 일을 기준으로 해당 법인의 총 발행주식 또는 총 출자지분의 3분의 2 이상을 어업에 종사하는 개인, 영어조합법인과 어촌계와 해당 법인의 임원 또는 직원으로서 상시 근무하고 있는 자가 출자하고 있는 어업주업법인이다. 이 경우 사업연도 중에 출자지분의 변경으로 이들의 출자지분이 총 발행주식 또는 총 출자지분의 3분의 2 이상이 되는 경우에는 그 출자 지분 변경 일을 기준으로 한다(특례규정 제2조 제4항 4호).

어업과 그 밖의 사업을 겸영하는 법인에 대하여 축산업 규정을 적용한다(특례규정 제2조 제5항). 즉 어업과 그 밖의 사업을 겸영하는 법인에 대하여 직전 사업연도의 어업의 수입금액이 직전 사업연도의 총수입금액의 100분의 70 이상인 경우에는 어업을 주업으로 영위하는 것으로 본다. 다만, 신규로 사업을 개시하는 사업자에 대하여는 최초사업 개시일 현재 어업용 자산의 장부가액의 합계액이 총자산가액의 100분의 70 이상인 경우에는 어업을 주업으로 영위하는 것으로 본다(특례규정 제2조 제2항).

▸ **저자소개**

김 근 수

- 연세대학교 경영학과 졸업
- 경기대학교 관광경영학 박사
- 서강대학교 종교학 박사(수료)
- 공인회계사, 세무사, 미국재무분석사 자격
- 다수의 종교단체 회계자문 및 회계감사
- GS칼텍스, 안진회계법인 등 근무
- 회계사무실 글로벌컨설팅, M&A 및 기업자문사 글로벌 M&A경영

[주요 저서]

- 세법의 이론과 해설, 국세신문사(1994)
- 부동산 세제실무, 조세통람사(2000)
- 여행사 경영산책, 여행신문(2001)
- 여행사·호텔·골프장·외식업의 경영메뉴얼, 영화조세통람(2006)
- 문화산업의 세무, 세무신보(2009)
- M&A실전 교과서(증보판), 한언출판사(2015)
- 종교단체 회계와 경영, 도서출판 두남(2016)
- 가업승계와 100년 가업경영, 영화조세통람(2018)

농림수산업의 회계와 세무

초 판 1쇄 인쇄 —— 2022년 6월 10일
초 판 1쇄 발행 —— 2022년 6월 15일
지은이 —— 김 근 수
펴낸이 —— 전 두 표
펴낸데 —— 도서출판 두남
서울시 강동구 성내로 6길 34-16 두남빌딩
신고 : 제25100-1988-9호
TEL : (02) 478-2065~7, 478-2311
FAX : (02) 478-2068
E-mail : dnbooks@dunam.co.kr
http://www.dunam.co.kr

정가 18,000원

ISBN 978-89-6414-948-5 93320